기쁨의 교제, 기도

PRAYER 101
by Warren W. Wiersbe

Originally published in English under the title:
PRAYER 101
Copyright ⓒ 2006 by Warren W. Wiersbe
Cook Communications Ministries, 4050 Lee Vance View,
Colorado Springs, Colorado 80918 U.S.A.
All rights reserved.

Korean translation copyright ⓒ 2006 by Timothy Publishing House
Kwan-Ak P.O.Box 16, Seoul, Korea

이 책의 한국어판 저작권은 Cook Communications Ministries와의 독점판권 계약에 의해
도서출판 디모데에 있습니다. 저작권법에 의하여 한국 내에서 보호를 받는 저작물이므로
무단 전재와 무단 복제를 금합니다.

기쁨의 교제 기도

워렌 위어스비 지음   이은영 옮김

반세기 이상 우리와 우리의 사역을 든든하게 받쳐준
전 세계의 기도 동역자들에게 바칩니다.

워렌 위어스비와 베티 위어스비(Warren and Betty Wiersbe)

차례

서문   9

하나. 기도의 기초

  1. 신비에 대한 정의   15
  2. "이 사람이 기도해서 내 핫도그가 식었어요!"   25
  3. "말할 수 없는 기도 제목이 있습니다"   35
  4. "주님, 이 사고가 아예 없었던 걸로 해주세요!"   41
  5. "우리, 기도로 말해봅시다"   55
  6. "아버지, 우리를 위해 십자가에서 죽으시니 감사합니다"   59
  7. "그냥 운이 좋도록 기도할 수밖에 없습니다"   61
  8. "내게 속삭여라"   65
  9. "기도하며 씨름하지 말고, 그냥 믿어라"   71
  10. "내 원수를 위해 기도하라고요? 너무하시네요!"   79
  11. "자, 손 모으고, 고개 숙이고, 눈 감고 기도해요"   85

둘. 깊은 기도 경험하기

  12. "우리에게 기도를 가르쳐주옵소서"   91
  13. 하나님의 뜻대로 하는 기도로 나아가다   95
  14. 하나님의 진정한 뜻 안에서 기도하기   103
  15. 성령의 역사   109

셋. 응답 없는 기도 넘어서기

16. 하나님과의 관계가 중요하다   117
17. 다른 사람들과의 관계도 중요하다   123
18. 종교적 정신분열증   127
19. 파괴적인 추측   133

넷. 기도 돌아보기

20. 기도 생활 목록 만들기   151

다섯. 기쁨의 교제, 영광 돌리는 기도를 향하여

21. 은혜의 보좌로 나아가기   173

서문

성공회 기도서에 나오는 결혼에 대한 이야기는 그리스도인의 기도에도 적용된다. "가벼운 마음으로 섣불리 하면 안 되며, 하나님을 경외하는 마음으로 경건하게 시작해야 한다."

요즘 표현을 빌리자면, '하나님을 경외하는 마음으로 경건하게'라는 구절은 곧 '기도는 장난이 아니다'라는 뜻이다. 참된 기도는 온 우주의 하나님과 교제하며 이 땅에 그분의 뜻이 이루어지도록 그분과 함께 협력해나감을 의미한다. 만일 내가 초청을 받아 백악관에 있는 미국 대통령이나 버킹엄 궁전에 있는 영국 왕족들에게 연설하게 된다면 대단한 영광으로 여기고 최선을 다해 준비할 것이다. 그런데 은혜의 왕좌에 앉은 우리의 하늘 아버지요 구주를 만나는 일을 어떻게 그보다 덜 영예롭게 여겨 준비하지 않을 수 있겠는가? 기도는 기쁨의 교제가 되어야 한다. 뿐만 아니라 진지한 만남이기도 하다. 그러므로 나는 그분의 왕좌에 존경과 경외심으로 다가가고 싶다.

주님께 값싼 희생물을 바치는 성전 제사장들을 비난할 때 말라기 선지자도 이와 비슷한 생각을 했는지 모르겠다.

> "만군의 여호와가 이르노라 너희가 눈먼 희생으로 드리는 것이 어찌 악하지 아니하며 저는 것, 병든 것으로 드리는 것이 어찌 악하지 아니하냐 이제 그것을 너희 총독에게 드려보라 그가 너를 기뻐하겠느냐 너를 가납하겠느냐"(말 1:8).

기도는 진지한 일일 뿐 아니라 값비싼 특권이기도 하다. 예수님은 우리에게 기도할 수 있는 특권을 주시기 위해 고통당하고 죽으셔야 했는데, 우리의 기도가 말라기 선지자가 이야기하는 값싼 희생과 같아서야 되겠는가? 믿는 사람들이 주님께 말씀드리기 위해 지성소에 들어가는 데는 십자가에서 생명을 내어주신 예수님의 희생이 필요했다. 성전의 휘장이 위에서부터 아래까지 찢어져 '새롭고 산 길'(히 10:20)이 열린 것은 그분의 가르침이나 기적의 결과가 아니었다. 그것은 우리 죄를 위해 예수님이 피 흘리셨기 때문이다.

기도를 당연한 것으로 가볍게 여겨 섣부르고 경박한 태도로 기도하는 것은 하나님의 독생자이신 예수님의 죽음을 무시하는 것이다. 하나님은 값싼 기도에는 응답지 않으신다.

하나.

기도의 기초

기도를 배운 사람은 거룩하고 행복한 삶의 가장 위대한 비밀을 배운 것이다.
- 윌리엄 로(William Law)

기도는 내 생활에서 가장 중요한 일이다. 하루라도 기도를 소홀히 하면 믿음의 열정을 상당 부분 잃어버리게 될 것이다.
- 마틴 루터(Martin Luther)

위대한 설교자가 되는 것보다 기도할 줄 아는 편이 낫다. 예수 그리스도는 제자들에게 설교하는 법이 아니라 오로지 기도하는 법을 가르치셨기 때문이다.
- 드와이트 무디(Dwight L. Moody)

1
신비에 대한 정의

새뮤얼 존슨(Samuel Johnson)은 그의 친구인 제임스 보스웰(James Boswell)에게 이런 말을 했다. "우리는 모두 빛이 무엇인지 알지만, 그것이 무엇인지 설명하기란 쉽지 않다." 아마 그는 기도에 대해서도 같은 말을 하지 않았을까 싶다. 그가 '기도의 본질에 대해 철학적으로 논하는 것은 매우 무익한 일'이라고 했다고 보스웰이 전하고 있지만 말이다. 앞서 한 그의 말을 곰곰이 생각해보라.

도대체 기도란 무엇인가? 우리가 기도를 정의할 수 있을까? 정말 정의를 해야 하는가? 만일 하나님이 전능하시다면 왜 필요한 일을 그냥 해버리시지 않는 걸까? 그분은 필요한 일을 성취하는 과정에서 꼭 기도를 통한 우리의 도움을 필요로 하실까? 예수님은 우리가 구하기 전에 있어야 할 것을 아버지께서 아신다고 가르치셨는데(마 6:8), 왜 우리가 구해야 하는가? 그분은 사랑의 하나님이시고 우리에게 필요한 것을 미리 아시는 분인데, 왜 우리를 위해 행하시기 전에 우리의 기도를 기다리셔야 한다는 말인가? 마치 하나님이 우리의 종이라도 되는 것처럼 말이다.

기도에 대해 생각하고 설명하려고 하면 솔직히 난감해진다. 이것에 대한 지네와 딱정벌레의 비유가 떠오른다. 딱정벌레가 지네에게 이렇게 물었다. "넌 다음에 움직일 다리가 어느 것인지 어떻게 아니?" 지네가 대답했다. "솔직히 말하자면 그런 건 별로 생각해본 일이 없어." 그러고 나서 지네는 그 문제에 대해 골똘히 생각하기 시작했다. 그런데 생각하면 할수록 머리가 복잡해져서 급기야는 너무 헷갈린 나머지 온몸이 마비되어버렸다는 얘기다.

좀더 도전을 하자면, 영원 속에 거하시는 하나님이 시간의 흐름 가운데 하나님 백성들의 기도에 어떻게 연결된단 말인가? (이런 질문을 하는 데는 충분한 이유가 있으니 조금만 더 참아주기 바란다.) 그분은 이미 기도의 응답을 창세 전에 결정해놓으셨는가? 시간과 영원은 어떻게 정의하는가? "그렇다면 시간이란 무엇인가?" 어거스틴(Augustine)은 이렇게 질문했다. "아무도 내게 묻지 않을 때는, 시간이 무엇인지 너무나 잘 안다. 하지만 누가 내게 질문을 하고 그걸 설명하려 애쓰기 시작하면 당황하고 만다"(「참회록(Confessions)」). 하등한 지네와 위대한 주교가 함께 경고하는 주제는 어떤 일에서건 분석을 하다 보면 마비가 올 수 있다는 사실이다.

존경받는 영성 작가 오스왈드 챔버스(Oswald Chambers)는 이 문제를 깊이 생각하고 이런 글을 썼다. "우리는 하나님과 성령, 기도에 대해서 결코 다 알 수 없다. 기도를 합리적이라고 얘기하는 것도 어불성설이다. 기도는 존재하는 것 가운데 최고로 합리적인 것이기 때문이다"(「그분의 손 그늘에서(Shade of His Hand)」). 그의 신중한 언어 선택에 주목하라. 기도는 비합리적인 것이 아니라 최고로 합

> "기도는 논리적이지 않으며 성령의 신비한 정신적 작용이다."
> – 오스왈드 챔버스 (Oswald Chambers)

리적인 것, 즉 우리가 할 수 있는 가장 위대한 생각까지도 뛰어넘는 것이다. 믿음과 소망, 사랑, 기쁨 그리고 다른 수많은 값진 영적, 정서적 경험들이 그렇듯이 기도는 비커에 넣어서 실험실로 가져가 검사할 수 없다. 챔버스의 말을 다시 인용하자면, "기도는 논리적이지 않으며 성령의 신비한 정신적 작용이다"(「그리스도인의 훈련(Christian Discipline)」, 2권).

그러므로 믿지 않는 이들의 눈으로 보면 이 질문은 "왜 기도하는가?"지만, 믿는 이의 시각에서는 질문이 "왜 기도하지 않는가?"로 달라진다. 우리는 하나님의 자녀들이기에 아버지의 말씀을 들을 뿐 아니라 그분과 대화할 필요가 있다. 사실 그리스도인의 삶은 우리 마음속에서 말씀하시며, 우리가 하나님을 '아바, 아버지'(갈 4:6)라고 부름으로써 구원의 확신을 갖게 하시는 성령님과 함께 시작된다. 그리고 우리는 그 말씀을 우리 자신의 증거 속에 되풀이한다(롬 8:15). 승천하신 주님이 다메섹에 있는 아나니아에게 가서 사울을 보살펴도 안전하다는 확신을 주고자 하셨을 때, 그분은 이렇게 말씀하셨다. "저가 기도하는 중이다"(행 9:11). 이것이 바로 아나니아가 필요로 했던 증거의 전부였다.

우리는 대부분 자신의 몸과 정신이 어떻게 기능하는지 잘 모르지만 이 험한 세상에서 어떻게든 정상적인 삶을 살아나갈 수 있다. 나는 내 차가 어떻게 작동되는지 설명할 수 없지만 운전은 할 수 있고, 컴퓨터 장치 앞에서는 허우적대며 당황하지만 컴퓨터를 켜고 편지를 쓰거나 책을 쓸 수는 있다. 당신이 이렇게 말하는 소리가 들리는 듯하다. "하지만 잠깐만요. 당신이 차나 컴퓨터를 잘 이해하면 그만큼 설명하고 활용하는 것도 더 잘할 수 있잖아요." 맞는 얘기다. 그렇다면 내가 주님과 그분의 말씀을 더 잘 이해하면 그만큼 기도하고 응답하시는 주님을 바라보는 일도 잘할 수 있다. 은혜의 보좌에 다가가는 기도를 하려고 박사 학위를 받을 때까지 기다릴 필요는 없다. 갓난 그리스도인들조차 이렇게 외칠 수 있다. "압바 – 아빠 – 아버지!"

누군가 앨버트 아인슈타인(Albert Einstein)의 부인에게 물었다. "당신은 아인슈타인 박사의 수학 방정식을 아십니까?" 그녀는 이렇게 대답했다. "아뇨, 하지만 전 아인슈타인 박사를 알아요."

나는 아버지께 기도하는 것에 관한 영원의 방정식을 알고 있는가? 그렇지는 않다. 하지만 아버지에 대해 더 잘 알게 되면, 그것이 내가 기도하는 데 도움이 될 것이다.

예수님이 만난 많은 바리새인들은 신학은 잘 알고 있었지만 하나님을 몰랐다. 서기관들은 그들의 신성한 구약 두루마리에 쓰인 말씀의 글자 수는 헤아렸지만, 그분의 종을 통해 말씀을 기록하신 하나님에 대해 배우는 것은 소홀히 했다. 회심한 지 30년이 지나 바울은 이렇게 고백했다. "내가 그리스도와 그 부활의 권능과 그 고난에 참예함을 알려 하여"(빌 3:10). 바울은 이미 천국에 올라가본 사람이다. 바울은 하나님을 더욱 잘 아는 것이 성공적인 기도 생활을 포함해서 성공적인 그리스도인의 삶에 있어 공공연한 비밀이라는 사실을 알았다. 그리스도인의 교육 과정에서 분명히 조직 신학도 중요한 자리를 차지하고 있지만, 그것은 조직 신학이 주님을 더 잘 아는 지식으로 인도할 때만 그렇다.

그러면 우리는 왜 기도하는가? 기도는 우리가 하나님의 뜻을 행하고 그분의 일을 하는 데 필요한 것들을 얻음으로써 그분께 영광 돌리는 방법으로 사용하도록 하나님이 정해주신 것이다. "너희가 얻지 못함은 구하지 아니함이요"(약 4:2). 목적을 정하신 동일한 하나님이 그 방법도 끝까지 정해주시는데, 기도는 그 중요한 방법의 일부를 차지한다. 하나님은 이루고 싶으신 것이 있을 때 한 남자나 여자 또는 어떤 믿는 사람들의 그룹을 들어 그 문제를 위해 기도하게 하시며, 그 기도를 통해 자신의 사역을 이루어가신다.

다윗을 이스라엘 왕으로 세우고 그의 가계에서 구세주를 나게 하는 것이 하나님의 계획이었으므로 그분은 한나를 들어 아들을 달라고 기도하게 하셨고, 그렇게 태어난 아들 사무엘로 하여금 다윗에게 기름 부어 왕으로 세우게 하셨다.

하나님은 당신의 백성들을 위한 시간표를 갖고 계셨으며, 그들이 70년 후에는 포로 생활에서 풀려나도록 예정하셨다. 다니엘이 이 약속을 이해했을 때, 그는 즉시 주님이 이를 성취하시도록 기도하기 시작했고, 주님은 그대로 행하셨다(단 9장).

선지자들(사 40:1-5, 말 4:5-6 참조)이 구세주를 이스라엘 백성에게 소개하는 것이 하나님의 뜻이었다. 그래서 그분은 엘리사벳과 사가랴의 마음을 감동시켜서 아들을 달라고 기도하게 하셨고, 그로 인해 세례 요한이 태어났다. 예수님이 태어나시기 전에 안나와 시므온 같은 경건한 사람들은 약속된 메시아가 오시기를 기도하고 있었으며(눅 2:21-38), 하나님은 그들의 기도에 응답하셨다.

찰스 스펄전(Charles Spurgeon)은 이렇게 말했다. "우리가 좋아하든 싫어하든 간구하는 것은 그 왕국의 법이다." 간구는 우리를 낮아지게 하지만, 또한 하나님을 영화롭게 한다.

우리는 하나님의 영원한 조언과 하나님의 약속, 그분의 백성들의 외침 사이의 관계에 대한 신비를 완전히 이해할 수 없으며 꼭 이해할 필요도 없다. 하나님은 '만유 위에 계시고 만유를 통일하시고 만유 가운데' 계신다(엡 4:6). 그분의 섭리와 능력 그리고 임재는 그분의 목적이 성취되리라는 보장이 되신다. 하지만 은혜로 우리에게 기도의 특권을 주셨으므로 우리는 죄인을 구하고 교회를 세우는 그분의 위대한 사역에 동참케 된다. "우리의 기도로 어떤 일이 이루어지는지 우리는 전혀 감도 잡지 못한다"고 오스왈드 챔버스는 말했다. "게다가 이를 시험해 보고 조사하며 이해할 권리도 없다. 우리가 아는 것은 예수님이 기도를 가장 강조하셨다는 사실이다"(「성경의 심리학(Biblical Psychology)」). 독실한 신자인 로버트 머레이 맥체인(Robert Murray McCheyne)은 이렇게 썼다. "세상의 구조에 덮인 휘장이 걷힌다면 우리가 얼마나 많은 것을 발견하게 될 것인가는 하나님의 자녀들의 기도에 대한 응답으로 이루어질 것이다."

만일 기도의 정의를 내려야 한다면, 여기 생각해볼 것이 있다.

기도는 하나님이 그분의 사랑을 자녀들과 나누고 그들의 필요를 충족시키며 그들의 삶과 다른 이들의 삶을 통해 그분의 목적을 이루어가심으로써 그분 자신을 영화롭게 하도록 정해놓으신 방법이다.

이렇게 제시된 정의는 기도의 여러 가지 면들을 포괄한다.

경배 - 하나님을 영화롭게 하기
교제 - 하나님을 사랑하기
기원 - 하나님께 우리가 필요한 것을 간구하기
중보 - 다른 사람들의 필요를 하나님께 간구하기

균형 잡힌 그리스도인의 삶은 균형 잡힌 기도 생활로 시작된다. 기도는 진지한 일이며 하나님의 성품과 약속 위에 세워져야 한다. 불행히도 우리는 때로 우리의 기도에 영향을 미칠 비성경적이고 불경건한 생각들을 흡수해서 주님이 우리에게 응답하시는 것을 방해할 때가 있다. 뜻하지 않게 우리는 다른 사람들이 기도하는 법을 모방하며, 이런 생각들이 우리의 정신을 찌르고 들어와 머리를 꽉 채운다. 토저(A. W. Tozer)는 우리에게 이런 얘기를 하곤 했다. "우상 숭배의 본질은 하나님께 어울리지 않는 그분에 관한 생각의 유희다"(「하나님을 바로 알자(The Knowledge of the Holy, 생명의 말씀사)」).

크리스천임을 밝히며 신앙 생활하는 사람들은 아무도 타 종교의 우상 앞에 일부러 절하지는 않는다. 그러나 기도할 때, 인식하지 못한 채 하나님의 성품과 그분의 기록된 말씀과 완전히 반대되는 것을 행하도록 요구하며 달라고 조르는 사람들이 얼마나 많은지 모른다.

이 책의 첫 장에서 하나님의 자녀들이 기도할 때 흔히 쓰는 '일상적인 신앙적 문구' 몇 가지를 함께 생각해본다면, 기도의 풍성함을 누리지 못하는 이유를 발견할 것이다. 계속해서 이렇게 기도하게 되면 기도의 씨앗을 뿌리고 튼튼한 식물을 키워 열매를 맺기 전에 우리는 잡초만 거둬들여야 한다.

2

"이 사람이 기도해서
내 핫도그가 식었어요!"

누군가로부터 들은 한 가지 평범한 이야기가 있다.

복음주의 선교 협회의 연례 회의에서 자매들이 근사한 차를 즐기는 동안, 형제들과 어린이들은 구식의 야외 비엔나 불고기를 즐기기 위해 모였다. 우리가 모두 알다시피, 비공식적인 소풍 모임에서의 전례는 누군가가 손님들이 식탁에 모여 접시를 채우기 전에 식사 기도를 청하도록 되어 있다. 하지만 이번에는 인도자가 소풍 온 사람들에게 먼저 음식을 가져가게 하고 나서 초청 연사에게 기도를 부탁했다. 이 선량한 연사는 히말라야에서 적도를 종횡무진하며 기도를 했고, 마침내 그가 "아멘"을 하자 한 어린 소년이 큰 소리로 아버지에게 이렇게 말했다. "아빠, 이 사람이 기도해서 내 핫도그가 식었어요!"

비슷한 맥락에서 나는 한 공군사관 후보생의 이야기를 들은 적이 있다. 그는 믿는 것을 부끄러워하지 않았기에 식사 시간에 경건하게 고개를 숙이고 눈을 감은 뒤 몇 분간 조용히 기도하곤 했다. 어느 날 그가 기도하는 도중에 누군가 그의 접시를 몰래 가져가서 숨겨놓았다. 그가 그것을 되찾을 수 있었을까? 그랬다면 좋겠지만 사실은 잘 모르겠다. 만일 찾았다 해도, 이미 그가 기도하는 동안 식사는 다 식어버렸을 것이다.

바울은 갈라디아서 4장 24절에 기록하기를 이 상징적인 표현들을 '비유'라고 했다. 그렇다면 우리도 비유들을 통해 우리의 기도 생활에서 우리를 도와줄 몇 가지 진리들을 살펴보도록 하자.

우선, 왜 우리는 식사하기 전에 기도하는가? 나는 한때 어떤 대학생 그룹에 이 질문을 던졌고, 그들은 크게 웃음을 터뜨렸다. 그들 가운데 한 명이 이렇게 말했다. "만일 우리 식당 음식을 보면, 목사님도 기도하시게 될 걸요!" (이제 그것은 사실이 아닌 것 같다.

> 때로는 주님이 사람들에게 기도를 멈추라고 말씀하신다.

학교 구내식당에서 근사한 식사를 여러 번 해봤기 때문이다.) 다른 경우에 나는 때로 식사 기도를 종종 "그러면, 주님, 벌레들을 잡아주시옵소서"로 마치는 선교 지도자를 기억한다. 하긴 그가 우리보다 더 상황을 잘 알 것이다. 우리 질문으로 다시 돌아가보자. "왜 우리는 식사하기 전에 기도하는가?"

우리는 분명히 주님이 우리에게 주신 음식에 대해 감사하는 것이다. 우리는 하나님께 감사한다. 예수님은 우리에게 일용할 양식을 위해 기도하라고 가르치셨고, 앞에 빵이 놓여 있으면 우리는 하나님의 선물과 우리를 돌보시는 그분의 신실함에 감사하고 싶어진다. 예수님은 오천 명을 먹이시기 전에 하늘을 우러러보며 기도하셨고(막 6:41), 최후의 만찬 때도 감사의 기도를 하셨다(막 14:22, 고전 11:24). 바울은 폭풍을 만난 배에서도 양식이 있음에 감사를 드렸고, 그 기도는 배에 탄 승객과 선원들의 힘을 북돋워 하나님을 신뢰하게 했다(행 27:35-36).

디모데전서 4장 1-5절에서는 마가복음 7장에 나오는 예수님의 가르치심과 교회가 사도행전 15장에서 모든 음식은 정결하며 감사함으로 받아야 한다고 결의한 바를 무시하는 거짓 교사들을 따르지 말라고 경고한다. 바울이 이렇게 기록한 것은 바로 그런 의미에서다. 그것(음식)은 "하나님의 말씀과 기도로 거룩하여짐이니라"(딤전 4:5). 성경에서는 음식이 다 '깨끗' 하며, 기도로 음식을 하나님께 바침으로써 하나님은 이를 사용해서 우리를 부양하신다고 말하고 있다. 물론 모든 음식들이 우리에게 다 좋다는 의미는 아니다. 나처럼 당뇨인 사람들에게는, 큼직한 키 라임 파이(연유와 과일즙으로 만든 미국 플로리다 주의 전통 요리 – 편집자 주) 한 조각이 우리에게 '깨끗' 하게 되려면 말씀과 기도 이상의 것이 필요할 것이다.

나는 스웨덴과 독일 쪽 유산을 물려받았으며, 일찍부터 우리 스칸디나비아의 친척들도 식후에 감사 기도를 드린다는 사실을 알았다. 커피와 집에서 만든 케이크 그리고 2개 국어로 즐거운 대화 시간을 보낸 후에 우리 아저씨 시몬 칼슨은 고개를 숙이고 스웨덴 말로 감사 기도를 하곤 했는데, 그것이 식사가 끝났다는 신호였다. 어린아이였던 나는 수년 후에 신명기 8장 10절을 읽을 때까지는 이것이 좀 생소한 관습이라고 생각했다. "네가 먹어서 배불리고 네 하나님 여호와께서 옥토로 네

게 주셨음을 인하여 그를 찬송하리라." 식사 후에 하나님께 감사하는 것은 식사중 과식하기 쉬운 사람들에게는 탁월한 훈련이다. 어떻게 방금 과식해서 붙은 군살에 성실하게 감사할 수 있는가?

그러므로 식탁 기도는 무엇보다 그분이 주신 은혜로운 양식에 대해 주님께 감사하는 표현이다. 이것은 음식에 대한 축사이기도 하지만 하나님의 자녀로서 우리 자신을 성별하는 것이다. 우리는 음식을 통해 강건해져서 하나님을 섬기고 영화롭게 한다. 만일 하나님이 우리 몸에 음식을 공급하시고 우리의 몸을 통해 영광 받기를 원하신다면, 그분께 음식에 대한 감사를 하지 않는 것은 배은망덕한 태도다. 그것은 어떻게든 내가 좋아하는 식으로 음식을 즐기고 내 몸을 사용하는 것이다. 식탁 기도는 종교적 의식 이상이 되어야 한다. 기도를 인도하는 사람과 우리 마음을 같이할 때, 우리는 이것을 하나님에 대한 감사와 헌신의 시간으로 만들 수 있다.

그렇다면, 식탁기도는 얼마나 길어야 할까? 답은 위의 두 가지 목적을 달성하는 데 충분한 만큼이다.

그러나 만일 성령님이 우리가 좀더 길게 기도하도록 인도하신다면 어떻게 할 것인가? 답은 다음의 성경 구절에서 알 수 있다. "예언하는 자들의 영이 예언하는 자들에게 제재를 받나니"(고전 14:32). 만일 이 말이 설교하는 사람들에게 해당되는 말이라면, 기도하는 사람들에게도 역시 해당되는 말이 아니겠는가? 결국 설교자나 기도자가 정말 성령 충만하다면, 여기에는 자기 통제가 포함된다. 자기를 통제하지 못하는 사람들은 성령으로 충만하지 않으며 그들은 다른 영에 기만당하거나 육을 좇는 것이다.

우리 협회 사역에서 나는 여러 번 요한복음 10장 8절이 진실임을 경험했다. "나보다 먼저 온 자는 다 절도요 강도니." 내 앞의 강연자들이 설교하면서 각자에게 배정된 시간을 초과했기 때문에 나는 준비했던 메시지를 전할 시간이 거의 없었다. 회의 후에 이 강연자들은 이렇게 말하면서 시간을 뺏은 것을 변명했다. "아시겠지만 성령이 주관하시면 계속할 수밖에 없잖아요." 하지만 이것은 성령이 주관하신 것이 아니다. 성령이 주관했다면 그들은 통제력을 발휘해서 시계를 바라보았을 것이다. 오랜 세월 라디오 사역을 하면서 배운 것은 제때에 해야 할 말을 하고 빙빙 들판을 돌며 디딜 곳을 찾느라 귀한 라디오 방송 시간을 낭비하지 않는 것이다. 설교에 적용되는 이야기는 기도에도 적용된다.

전도자 조지 휫필드(George Whitfield)가 어떤 설교자에 대해 얘기한 적이 있다. "그가 기도하는 것을 들으면 마음이 흐뭇해진다. 만일 거기서 그가 멈추기만 한다면 아주 좋았을 것이다. 그런데 그는 계속해서 그 문제를 다시 꺼내 기도한다." 전도 여행을 다닐 때 드와이트 무디(Dwight L. Moody)는 어느 목사에게 집회의 기도를 인도해달라고 한 적이 있다. 그런데 기도를 시작한 그가 기도를 하고 또 하고 그칠 줄을 모르자 사람들이 홀을 하나둘 떠나기 시작했다. 무디는 마침내 이렇게 말했다. "우리 형제님이 기도를 끝내실 동안 찬송을 부르도록 합시다." 무디는 사람 좋은 설교자의 기도 때문에 모임이 썰렁해지길 원치 않았다. 그리고 예수님도 기도를 길게 해서 인상을 남기려는 사람들에 대해 마태복음 23장에서 뭔가 말씀하시지 않았던가?

때로는 주님이 사람들에게 기도를 멈추라고 말씀하신다는 사실을 알면 어떤 사람들은 놀랄 것이다. 이스라엘 백성들이

| 때로는 주님이
| 사람들에게
| 기도를 멈추라고
| 말씀하신다

출애굽한 뒤 홍해에 도달했을 때, 모세는 백성들을 진정시키려 노력하면서 하나님께 잠잠히 부르짖었다. 주님은 이를 아시고 그에게 말씀하셨다. "너는 어찌하여 내게 부르짖느뇨 이스라엘 자손을 명하여 앞으로 나가게 하고"(출 14:15). 기도를 멈추고 움직여라!

주님은 모세 자신은 가나안에 들어갈 수 없다고 말씀하셨다(민 20:1-13). 그 말씀을 들은 모세는 하나님께, 그 징계를 철회하시고 그 땅에 들어갈 수 있게 해달라고 기도했다. 모세가 이 기도를 자주 한 것으로 보인다. 어느 날 주님은 모세에게 그의 기도 목록에서 그 문제를 빼고 그냥 순종하라고 말씀하셨다(신 3:23-29).

이스라엘이 아이에서 수치스런 패배를 당한 후(수 7장), 여호수아는 옷을 찢고 엎드려 하루 종일 하나님께 부르짖었다. 하나님은 "일어나라 어찌하여 이렇게 엎드렸느냐"(수 7:10)고 하셨다. 그들의 장막에 배반자가 있었고 하나님은 여호수아가 그 범인을 밝혀내길 원하셨다.

바울은 자신이 낫기를 세 번 기도했고, 주님은 은혜롭게도 그를 제지하시며 그의 고통을 축복으로 바꾸는 은혜를 주겠다고 약속하셨다.

내 기도 경험을 되돌아본다. 어떤 문제에 대해 몇 번이고 기도했지만 몇 주가 지나서 하나님은 단지 이제 기도를 멈춰야 할 때라는 확신을 주셨을 뿐이다. 그 기도가 하나님의 뜻에서 벗어나 있든지 응답이 진행되는 과정에 있든지 둘 가운데 하나다. 그때는 어떤 쪽인지 몰랐지만, 나는 순종해서 기도를 멈추었고, 나중에 그 결과를 알게 됐다. 때로는 성경의 한 문장 속에서도 적신호가 번쩍인다. 다른 상황에서 그 신호는 내 마음에 확신을 주었고, 성령이 그것을 신뢰할 수 있게 했다.

그렇다. 기도할 때가 있지만, 행동할 때도 있다. 주님은 우리가 기도 응답의 일부분이 되길 원하시기 때문이다. 이 책의 뒷 부분에서 기도 목록을 만들 때 이것에 대해 좀더 얘기하기로 하자.

문제의 결론을 들어보자. 만일 식사에 대한 감사 기도를 해달라는 요청을 받는다면, 단순히 하나님이 주신 선물과 받는 자들을 축복하시도록 간구하라. 한 가지 사안에 집착해서 우회하지 말아야 한다. 마음에 특별한 짐을 지고 있어서 그것을 나누어야겠다는 느낌이 든다면, 식사 후에 그렇게 하며 누군가에게 당신과 함께 기도해달라고 부탁하라. 만일 같이 식사한 다른 사람들에게 시간 여유가 있다면 식사 후에 계속 식탁에 남아 짧은 기도 모임을 가져도 된다.

> 모든 식사를 거룩하고 행복한 축제가 되게 하라.

나는 차게 식은 핫도그도 하나님이 축복하신다고 믿지만, 왜 그분이 꼭 그러기를 기대하는가? 하나님이 기적을 일으키셔서 누군가 길게 기도하는 동안 핫도그 온도를 따뜻하게 유지하실 수도 있겠지만, 그분은 그렇게 기적을 낭비하시지는 않는다. 그런 식의 기대는 하나님을 시험하는 것에 가깝다.

모든 식사를 거룩하고 행복한 축제가 되게 하라. 모세와 장로들이 시내 산에서 경험한 것을 기억해보라. "그들은 하나님을 보고 먹고 마셨더라"(출 24:11). 엠마오로 가는 두 제자의 경험도 비슷하다. 예수님이 축사하시고 떡을 떼자 "저희 눈이 밝아져 그인 줄 알아"(눅 24:31)보았다.

스펄전의 말을 다시 한 번 빌리자면, "공중 기도는 대개 짧을수록 좋다"(「메트로폴리탄 태버너클 설교단(Metropolitan Tabernacle Pulpit)」, 15권).

3
"말할 수 없는 기도 제목이 있습니다"

이렇게 말한 사람은 아마 "말하지 못한 기도 제목이 있어요"라는 뜻으로 말했을 것이다. 아마 기도의 부담이 너무 커서 쉽게 표현할 수 없었을지도 모른다. 성전 음악가였던 아삽은 시편 77편 4절에 그런 경험을 기록했다. "내가 괴로워 말할 수 없나이다." 또 언젠가 다윗은 잠잠하려 했지만 그의 마음이 속에서 뜨거워 '화가 발했고', 그는 입을 열어 무엇이든 그 마음에 있는 것을 말하지 않을 수 없었다(시 39:1-3). 하지만 만일

'말하지 못한' 것이 아니라 '말할 수 없는'이라고 한 것이 단지 말실수였다면, 나는 그것이 그 사람 마음에 있는 진심이 드러난 '프로이드식 실언'이 아닌가 의심하게 된다. 그 간구가 너무 지나친 것이라면 그냥 묻어둬야 한다.

이 사실은 '말하지 못한 기도 제목'이라는 문제와 정면으로 맞닥뜨리게 한다.

내가 남부 지방에서 사역하기 전에는 "저에게 말하지 못한 기도 제목이 있어요"라는 말을 들어본 적이 없었다. 그런데 남부에서는 그 말이 흔히 쓰인다는 걸 발견했다. 어떤 교회에 있을 때 목회자가 이렇게 광고하던 것이 기억난다. "한 라디오 청취자가 전화해서는 말하지 못할 마흔일곱 가지의 기도 제목을 제게 기억해달라고 했습니다." 그 말을 들을 때, 나는 교회에서 어떻게 이 성도를 위해 중보 기도할 수 있는지 의아했다. 어떻게 전혀 모르는 마흔일곱 가지 필요를 위해 기도해야 하는지 몰랐기 때문이다. 그 마흔일곱 가지 기도 제목을 각각 따로 기도하지 말고 한꺼번에 묶어 기도하면 시간은 훨씬 덜 걸릴 것이다. "주님, 이렇게 많은 짐으로 고생하는 이 라디오 청취자를 도우셔서 그녀가 무엇을 하기 원하시는지 알려주옵소서." 하지만 이것이 정말 효과 있는 기도일까?

물론 우리는 왜 어떤 이들이 기도 제목을 공개적으로 밝히고 싶어하지 않는지 안다. 그들의 염려가 너무나 개인적인 것이고 힘들거나 당혹스럽기 때문이다. 만일 어떤 기도 제목이 다른 사람과 관계가 있다면 여기에 대한 공개적인 언급은 아마 문제를 더 악화시킬지도 모른다. 예를 들면, 한 어머니가 기도 모임에서 자기 자녀가 대학에서 막 쫓겨날 지경이라는 얘기를 했는데, 누군가 그 얘기를 옮긴다면, 소문이 퍼지기 시작할 것이다. 물론 "아시겠지만, 제가 뒷말을 하려고 이 얘기를 하는 건 아니에요. 전 다만 당신과 기도 제목을 나누고 싶을 뿐이에요"라는 조건을 달면서 말이다. 결국에는 당사자가 이 말을 듣게 되고 자기 어머니와 그 기도 모임에 전쟁을 선포한다. 전체 회중 앞에서 폭력 남편이나 고집불통 친척에 대해 말하는 것은 믿음의 고백이기도 하지만 선전 포고가 되어버리기도 한다.

그러나 친구의 마흔일곱 가지 말하지 못한 기도 제목을 한꺼번에 기도할 수 있다면, 왜 나 자신의 마흔일곱 가지 기도 제목을 한꺼번에 고백해서 더 많은 시간을 절약하면 안 된단 말인가? "주님, 여기 제 기도 목록이 있습니다. 이걸 보시고 이 마흔일곱 가지 필요를 채워주세요." 성경을 다 뒤져봐도 신자들이 함께 말하지 않은 기도 제목을 나누는 실례는 찾지 못했고, 그런 기도 제목을 다루는 데 따르는 어떤 지시도 발견할 수 없었다. 한나는 엘리 제사장에게 자신의 걱정을 말하지 않았지만, 자기의 근심을 '말하지 못할 기도 제목'이라고 부르지도 않았다. 처음 엘리는 한나를 오해하고 꾸짖었지만, 곧 그녀가 신실하게 하나님의 도우심을 구하고 있음을 깨달았다(삼상 1:9-18).

예루살렘을 위한 느헤미야의 근심은 너무 커서 우상 숭배하는 왕이 그의 안색을 보고 무엇이 잘못되었냐고 물을 정도였다. 느헤미야는 그때 왕에게 자신의 염려를 말하면서 공식적인 도움을 요청했고 주님은 그의 기도에 응답하셨다(느 2:1-9). 글로에의 가족들은 바울에게 이런 편지를 쓰지 않았다. "우리는 여기 고린도에 있는 교회와 관련해서 말하지 못한 기도 제목 열 가지가 있습니다." 대신, 그들은 교회의 문제에 대해 상세히 설명한 편지를 보내고 그 문제에 대답해달라고 요청했다(고전 1:11). 이를 통해 교회의 육적인 그리스도인들 사이에 글로에의 가족들이 더 유명해졌는가? 아마 그렇지 않겠지만, 주님은 그 편지를 사용하셔서 바울로 하여금 영감 있는 답신을 쓰게 하셨고, 그의 편지는 고린도 교회를 도왔을 뿐 아니라 오늘날까지 신자들에게 도움이 되고 있다.

우리는 이런 기도의 부담을 아예 생각하지 않는 것이 아니라, 신뢰를 깨지 않으면서도 가능한 구체적으로 얘기하고 사람들을 격려함으로써 이 '말하지 못한 기도 제목'의 문제를 풀 것이다. "네 가지 말하지 못할 기도 제목이 있습니다"라는 말보다 "결정해야 할 중요한 사안이 네 가지 있는데, 지혜가 필요합니다"라든가, "제 인생에 네 명의 문제가 되는 사람들이 있는데 그들을 만나고 상대하는 데 하나님의 도우심이 필요해요"라고 바꿔 말하면 훨씬 효과적인 기도 지원을 받을 수 있을 것이다. 하지만 아마 가장 필요한 것은 하나님의 사람들이 정말 믿을 만한 기도 동역자가 되어 마음을 다해 기도해주고, 확신 있게 자신의 입을 다물고 말을 옮기지 않는 것일 것이다. 매우 중요한 사안에 대해 나와 함께 기도해주고, 다음 기도 모임에서 그와 관련된 이야기를 퍼뜨리지 않는 신자들을 주신 주님께 참으로 감사드린다.

만일 당신이 은밀하게 싸워야 할 전투나 견뎌야 할 무거운

짐이 있는데 알리고 싶지 않다면, 하나님이 로마서 8장 26-27절에서 말씀하신 바를 의지하라. 당신의 하늘 아버지는 '말하지 못한 기도 제목'을 이해하시고('말할 수 없는 기도 제목' 조차도), 당신에게 은혜의 보좌 앞에 담대히 나아가라고('언론의 자유'로) 격려하신다. 그분에게 당신의 짐을 나눌 수 있는 친밀한 기도 동역자를 보내달라고 요청하라. 결국 '두 사람이 한 사람보다 나은' 법이다(전 4:9-12).

4
"주님, 이 사고가 아예 없었던 걸로 해주세요!"

이 요청은 자기 아버지의 차를 망가뜨린 한 소년이 하늘에 보낸 것이지만, 경찰 기록에는 그의 청원이 응답된 흔적은 없었다.

이 소년의 '기도'를 들으니 앰브로즈 비어스(Ambrose Bierce)의 기도에 대한 유명한 정의가 생각난다. "기도는 명백히 별 가치 없는 단 한 사람의 탄원자를 위해서 우주의 법칙을 파기시켜 달라고 요청하는 것이다." 이 정의를 들으면 웃음이 나면서 이 소년의 기도에 대한 정확한 설명이란 생각도 들지만, 비어스의 정의는 이 기도만큼이나 엉뚱해보인다.

> 하나님은 기도에 대한 응답으로 하나님 자신이 만드신 우주 법칙을 잠정적으로 중단하셔서라도 그분의 위대한 목적을 달성하시는 분이다.

그렇다 해도, 하나님은 기도에 대한 응답으로 하나님 자신이 만드신 우주 법칙을 잠정적으로 중단하셔서라도 그분의 위대한 목적을 달성하시는 분이다. 홍해 앞의 모세에게 그렇게 하셨고, 요단강가에 선 여호수아에게도 그렇게 하셨다. 또한 예수님이 고통받는 자들을 고치시고 죽은 자들을 일으키실 때와 예수님이 직접 죽은 자 가운데서 부활하셨을 때도 그렇게 하셨다. 물론 하나님이 기도의 응답으로 행하시는 가장 위대한 기적은 주님이 우리 죄를 용서하신다는 사실과 그분과 함께 동행할 때 일어나는 우리 삶의 변화다. 이 일은 영원까지 계속될 것이다.

그러므로 하나님이 이 소년의 기도에 충분히 응답하실 수도 있다. 하나님은 그냥 지구의 자전을 뒤로 돌려 사고가 일어나기 전으로 시간을 거슬러가서 사고를 방지하시기만 하면 된다. 아니면 그분은 이렇게 말씀하시면서 소년과 오토바이를 사고 이전의 상태로 되돌려놓으실 수도 있다. "여호와께 능치 못한 일이 있겠느냐?" 하지만 만일 하나님이 우리가 그분의 뜻을 거슬러 행한 모든 어리석은 일들의 결과를 사전에 예방하거나 되돌려놓으신다면, 우리는 성품을 함양하거나 그분의 뜻을 신실하게 행하고자 하는 믿음직한 종이 되지 못할 것이다. 행여 십대들이 원하는 대로 하나님이 행동하신다면, 우리는 불순종하거나 어리석은 행동을 해도 걱정할 필요가 없을 것이다. 만일 우리가 바보 같은 행동을 할 때 하나님이 괜찮다고 그냥 넘겨버리신다면, 우리는 실수를 통해 아무것도 배우지 못할 것이다. 하지만 감사하게도 일이 그렇게 되지는 않는다.

"주님, 이 사고가 아예 없었던 걸로 해주세요"라는 것은 진짜 기도가 아니라 단지 어린아이들의 신앙적인 소원의 표현일 뿐이다. 아담과 하와처럼 이 소년은 "너희가 결코 죽지 아니하리라"(창 3:4)는 사탄의 거짓말에 속는 것이다. 다시 말해 "어리석은 행동을 하고 불순종해도 결과가 달라지는 것은 없다"는 것이다. 하지만 소년의 기도가 아무리 어리석다 해도 성공적인 기도 생활의 핵심이 되는 주제를 말하고 있는데, 그것은 기도와 하나님의 주권 사이의 관계다.

짐작하기로는 다시 정신이 온전하게 회복되고, 이스라엘의 하나님을 믿는 신앙으로 돌이킨 후에 느부갓네살 왕은 하나님의 주권에 대한 믿음을 이렇게 강한 표현으로 선포했다.

"그 권세는 영원한 권세요 그 나라는 대대에 이르리로다 땅의 모든 거민을 없는 것같이 여기시며 하늘의 군사에게든지 땅의 거민에게든지 그는 자기 뜻대로 행하시나니 누가 그의 손을 금하든지 혹시 이르기를 네가 무엇을 하느냐 할 자가 없도다"(단 4:34-35).

우리가 경배하고 섬기는 하나님, 우리가 기도를 드리는 대상은 바로 이런 신이시다! 하나님의 주권을 무시한다면 예배와 기도를 억누를 뿐 아니라 어리석게도 생명과 지혜, 힘의 원천을 내어버리는 것이다. 관원들이 베드로와 요한을 풀어주면서 예수의 이름으로 가르치지 말라고 경고했다. 그 후에도 베드로와 요한은 항의 시위를 계획하거나 정치적인 보호를 받으려 하지 않았다. 그들은 교회의 기도 모임에 가서 전능하신 하나님께 기도했다. 그들은 이렇게 기도했다.

"저희가 듣고 일심으로 하나님께 소리를 높여 가로되 대주재여 천지와 바다와 그 가운데 만유를 지은 이시요 또 주의 종 우리 조상 다윗의 입을 의탁하사 성령으로 말씀하시기를 어찌하여 열방이 분노하며 족속들이 허사를 경영하였는고 세상의 군왕들이 나서며 관원들이 함께 모여 주와 그 그리스도를 대적하도다 하신 이로소이다 과연 헤롯과 본디오 빌라도는 이방인과 이스라엘 백성과 합동하여 하나님의 기름 부으신 거룩한 종 예수를 거스려 하나님의 권능과 뜻대로 이루려고 예정하신 그것을 행하려고 이 성에 모였나이다 주여 이제도 저희의 위협함을 하감하옵시고 또 종들로 하여금 담대히 하나님의 말씀을 전하게 하여 주옵시며 손을 내밀어 병을 낫게 하옵시고 표적과 기사가 거룩한 종 예수의 이름으로 이루어지게 하옵소서 하더라 빌기를 다하매 모인 곳이 진동하더니 무리가 다 성령이 충만하여 담대히 하나님의 말씀을 전하니라"(행 4:24-31).

이 사건의 기록을 보면 하나님의 주권과 그분 백성의 신실한 기도 사이에 명백히 아무런 갈등이 없음을 알 수 있다. 목적을 정하시는 하나님이 동일하게 예수님의 이름으로 그 목적을 이루는 방법으로 기도를 정해주신다. 그들이 기도했던 하나님은 '주권자이신 하나님', 즉 문자 그대로 '독재자'이시며, 그분의 주권은 그분이 하늘과 땅을 창조하셨다는 사실에서 여실히 보인다. 예수님은 그분을 '천지의 주재'(눅 10:21)라고 부르셨고, 바울은 오늘날 예수님이 '모든 정사와 권세와 능력과 주관하는 자와 이 세상뿐 아니라 오는 세상에 일컫는 모든 이름 위에 뛰어난'(엡 1:21) 분이라고 말했다. 믿기 힘든 일이지만, 주님의 뜻 안에서 그분께 기도할 때 우리는 우주를 창조하시고 운행하시는 전능하신 능력을 붙드는 특권을 갖는다.

베드로와 요한의 기도는 하나님의 말씀, 특히 시편 2편에 근거한 것이다. 하나님의 말씀과 기도는 언제나 함께 가기 때문이다. 예수님이 말씀하셨다. "너희가 내 안에 거하고 내 말이 너희 안에 거하면 무엇이든지 원하는 대로 구하라 그리하면 이루리라"(요 15:7). 만일 우리가 하나님의 성령(엡 5:18)과 하나님의 말씀(골 3:16)으로 충만하면, 그분의 소망이 우리의 소망이 되며 우리는 그분의 뜻 안에서 기도할 것이다. 트렌치(Trench) 대주교는 이렇게 말했다. "기도는 하나님의 저항을 극복하는 것이 아니라 그분의 가장 높으신 자발성을 붙드는 것이다." 로버트 로(Robert Law)는 요한일서 주석인 「인생의 시험들(The Test of Life)」에서 이렇게 썼다. "기도는 인간의 뜻이 하늘에 이루어지는 것이 아니라 하나님의 뜻이 이 땅에 이루어지기 위한 강력한 도구다."

> 만일 우리가 하나님의 성령과 하나님의 말씀으로 충만하면, 그분의 소망이 우리의 소망이 되며 우리는 그분의 뜻 안에서 기도할 것이다.

이런 초기 교회의 기도에서 우리에게 도전을 주는 부분은 이것이 그들을 대적하는 무리들에 대항해서 이루어진 것이 아니라는 사실이다. 신자들은 박해가 더욱 극심해지고 있었음에도 불구하고 박해를 멈추게 해달라거나 복음의 원수들을 멸망시켜달라고 기도하지 않았다. 그들은 오히려 교회에 능력을 주셔서 담대하게 하나님의 말씀을 증거하여 예수님의 이름에 영광 돌릴 수 있기를 간구했다(행 4:29-30). 그들 기도의 초점은 자신들의 안위나 안전이 아니라 주권자이신 하나님의 영광에 있었다. "평탄한 삶을 살도록 기도하지 말라"고 필립스 브룩스(Phillips Brooks)는 말했다. "더 나은 사람이 되도록 기도하라. 당신의 능력에 맞는 일을 달라고 기도하지 말고 맡은 일에 적

기도의 기초

합한 능력을 위해 기도하라."

자신의 삶에 정부가 간섭한다고 생각하고 분노한 한 그리스도인이 하나님이 "모든 선출된 주의 관리들을 죽이거나 회심시켜달라"고 공개석상에서 기도했다. 그들을 구원해달라는 기도는 성경적이지만 그들을 죽여달라는 기도는 그렇지 않다. 만일 누군가에게 자기를 박해하는 자들과 살인자들에게 하나님의 심판이 내려지도록 기도할 권리가 있다면, 그것은 예수님과 스데반일 것이다. 하지만 두 사람 모두 자신들을 죽이려는 사람들을 용서해달라고 기도했다(눅 23:34, 행 7:60).

초기 교회는 '종들을 능력 있게'(행 4:29) 해달라고 기도했으며, 하나님은 이 기도에 응답하셨다. 그분은 그들의 모임 장소를 진동시키시고 하나님의 영으로 믿는 사람들을 충만케 하셨으며, 이제 공식 순서로 따지면 침묵해야 할 때지만 그들은 담대히 하나님의 말씀을 전했다. "모인 곳이 흔들리고, 이는 그들을 더욱 굳게 했다"고 크리소스톰(Chrysostom)은 말했다(「니케아 종교회의와 니케아 이후 교부들(The Nicene and Post-Nicene Fathers)」, 11권).

기도와 하나님의 주권 사이의 관계에 대해 생각하면, 창세기 18장 22-23절에 나오는 아브라함의 기도가 떠오른다. 소돔을 멸망시키려 하신다는 주님의 말씀에 아브라함은 가족과 함께 그곳에 살고 있는 조카 롯이 걱정되었다. 게다가 아브라함은 아무리 경건치 않다 해도 소돔에 사는 사람들, 곧 그가 한때 구해주었던 사람들(창 14장)이 멸망하기를 원하지 않았다. 아브라함은 잃어버릴 수 있는 이웃들에 대한 마음의 부담을 느끼고 그들을 위해 중재했다.

하나님은 아브라함을 종으로 선택하셨으므로 자신의 계획을 그에게 숨기지 않으셨고, 우리는 여기서 하나님의 주권적 은혜를 깨닫는다. 이렇게 해서 주님은 아브라함에게 반응할 수 있는 기회를 주신다. 영적 분별이 부족한 그의 조카 때문에 마음 깊이 상처 입은 아브라함은 이렇게 말할 수도 있었다. "롯이 원해서 그 난잡한 곳에 들어갔으니, 겪을 만큼 겪어봐야죠. 소돔 사람들도 워낙 사악해서 심판받아야 돼요!"

하지만 그는 독선적인 분노로 반응하지 않았고, 대신 기도로 주님께 '나아갔다.' 히브리어로 이 단어는 '접근하다'는 뜻과 '소송에서 변론한다'는 뜻을 동시에 지닌다(사 41:1, 21). 아브라함은 주님께 롯과 그 가족을 의미하는 소돔의 의인들을 위해 사악한 소돔 성을 구해달라고 간청했다(벧후 2:6-8). 롯과 그의 아내는 적어도 두 명의 결혼한 딸과 두 명의 미혼 딸이 있었던 것 같다. 만일 롯이 그의 아내와 결혼 안 한 딸들, 결혼한 딸들과 사위들 그리고 두 사람만 더 주님 편으로 돌릴 수 있었다면 도시 전체가 용서받았을 것이다. 그랬다면 소돔 사람들은 영원히 하나님 없이 살았으리라.

아브라함의 호소는 하나님의 공평하심에 근거한다. 그는 하나님께 자기 주장을 내세우고 협상하려 들거나 하나님의 주권적인 의지를 바꾸려고 노력하지 않았다. 하나님이 아니라고 말씀하셨다면, 아브라함은 중재를 그만두었을 것이다. 하지만 롯이 마땅히 소돔에 살지 말아야 했지만, 그럼에도 주님이 롯의 사악한 이웃들을 다루실 때와 똑같은 식으로 그를 다루시는 것은 잘못일 것이다. 롯이 소돔 사람들처럼 살았다는 증거는 없다. 그는 단지 그들 속에서 살았을 뿐이다. 그래서 아브라함은 주님 앞에 자신을 겸손하게 낮춰 도시를 용서하시도록 하나님을 설득하길 원했다. 경건한 새뮤얼 러더포드(Samuel Rutherford)는 이렇게 말했다. "하나님의 모든 거센 일격으로부터 자애를 요구하고 불러일으키는 것은 믿음의 사역이다." 아브라함이 한 일이 바로 그것이다.

두 천사는 그 도시에서 열 명의 의인을 찾지 못했지만, 그들은 롯의 가족에게 은혜로 도망칠 기회를 주었다. 결혼한 딸들은 남편들과 함께 소돔에 남았지만, 롯은 아내와 결혼하지 않은 두 딸과 함께 그곳을 빠져나왔다. 그의 아내는 하나님의 말씀을 듣지 않고 떠날 때 소돔을 돌아보다가 즉시 심판을 받았다. 결국 하나님은 아브라함을 생각하시고 롯과 그의 두 딸을 구해주셨다. 하나님은 오늘날도 죄인을 구원하시되 자격이 있어서가 아니라 하나님의 아들을 보아 그렇게 하신다는 사실을 기억하라.

만일 하나님의 주권에 대한 당신의 시각이 증거와 기도를 방해한다면, 그런 시각들은 옳은 것이 아니다. 하나님은 주권적인 은혜로 하나님 자신의 이름으로 일컫는 한 민족을 부르셔서, 그분의 말씀이 헛되지 않을 것임을 알고 확신 있게 증거하며 설교할 수 있게 하신다. 하나님은 우주를 완전히 통제하시므로 우리는 두려움 없이 그분에게 기도할 수 있다. 우리가 늘 무엇을 위해 기도해야 할지, 어떻게 말씀을 가르쳐야 할지 아는 것은 아니다. 하지만 우리가 전능하신 하나님, 천지를 지으신 그분(시 124:8)을 믿고 우리의 소망이 '아버지의 이름이 거룩히 여김을 받으시는' 것일 때, 주권자이신 주님은 그분의 뜻에 따라 귀를 기울이며 일하실 것이다.

이 모든 선물이 주님으로부터 오는 것이기에 우리는 기도 응답에 대해 결코 자랑하지 말아야 한다. 또 우리의 사랑하는 아버지가 최선의 것을 아시기에 기도가 응답되지 않거나 우리가 기도했던 것과는 응답이 다르다고 해서 절망하지 말아야 한다.

토저는 이렇게 썼다. "하지만 우리가 모든 기도를 할 때, 하나님이 그분의 영원한 목적을 사람의 말에 따라 바꾸지 않으신다는 사실을 기억하는 것이 중요하다. 우리는 하나님이 마음을 바꾸시도록 설득하려고 기도하는 것이 아니다. 기도하는 사람이 하는 일은 자신의 뜻을 하나님의 뜻에 맞춤으로써 그분이 애초에 원하시던 일을 하실 수 있게 하는 것이 전부다"(「무시의 대가(The Price of Neglect)」). 결국 우리는 "뜻이 하늘에서 이룬 것같이 땅에서도 이루어지이다"(마 6:10)라고 기도하지 않는가? 하나님의 가장 뼈아픈 징계 가운데 하나는 그분이 창고에 무언가 더 좋은 것을 가지고 계시는데도 자녀들이 원하는 것을 그냥 주시는 것이다. 우리 가운데 오래 살면서 응답되지 않은 기도에 감사한 사람들도 많다.

그러므로 당신이 차를 망가뜨려서 난감한 상황에 처했다면, 주님께 "내가 여기서 어떻게 빠져나갈 수 있겠습니까?"라고 묻지 말고, "내가 이 상황에서 무엇을 얻을 수 있습니까? 당신의 뜻은 무엇입니까?"라고 물어야 한다. 하나님은 히스기야(사 38:7-8)를 위해 해시계의 그림자를 뒤로 물러가게 하셨고, 여호수아(수 10:12-15)를 위해 일몰을 늦추셨으며, 오늘날도 여전히 그런 기적을 행하실 수 있다. 하지만 우리는 예수님처럼 기도해야 한다는 사실을 명심해야 한다. "내 아버지여 만일 할 만하시거든 이 잔을 내게서 지나가게 하옵소서 그러나 나의 원대로 마옵시고 아버지의 원대로 하옵소서"(마 26:39). 하나님은 여전히 그분께 선택권을 넘기는 사람들에게 그분이 가진 최고의 것을 주신다.

5
"우리, 기도로 말해봅시다!"

사실은 "우리, 기도합시다"라고 하든가, 아니면 "우리, 기도에 시간을 투자합시다"라고 말하는 게 나을 것이다.

그럼 결국 무엇이 '기도의 말'인가? 사전을 보면 누군가와 더불어 '말'한다는 것은 매우 짧은 대화에 참여하는 것을 뜻한다. 하지만 나는 사람들이 "우리, 기도로 말해봅시다"라고 얘기하는 것을 들어왔고, 그들은 뒤이어 십 분 동안 기도한다.

이런 복음주의의 상투어들이 우리 머릿속에 박혀서 우리

자신이 우리 자신이 무슨 말을 하는지 깨닫지도 못한 채 일상적으로 이런 말을 사용하는 것이 안타깝다. 그것이 모두 습관적인 기도 모임에는 꼭 있어야 할 필수 품목이지만, 우리의 기도 모임이 습관적이 된다면 우리는 부흥을 위해 기도하는 것이 좋다. 우리가 "우리, 기도로 말해봅시다"라고 얘기할 때마다 기도에 대해 정말 심각하게 생각하지 않는다는 증거를 보여주는 것인지도 모른다. 사실 어떨 때 우리 말은 그냥 뒤죽박죽이 되어버린다.

"우리 기도로 말해봅시다. 하늘에 계신 우리 아버지…."

그리고 우리는 자리를 뜬다. 이렇게 급히 하나님 앞에 나아가는 것이 하나님이 우리가 기도하기 원하시는 방식이 아님을 우리도 안다. 물론 베드로가 갈릴리 바다에서 가라앉을 때와 같은 비상 상황이라면 기도를 준비할 시간이 없으니 단지 이렇게 부르짖을 수밖에 없다. "주여, 나를 구원하소서!" 그러나 당신이 자동차 경주 선수거나 야생동물 조련사가 아닌 이상 당신의 인생에 그런 위급한 상황이 그리 자주 닥쳐올 리가 없다.

내가 국제 YFC(Youth For Christ)에서 봉사하고 있을 때, 금새 기도의 중요성을 알게 되었는데 그것은 YFC가 연달아 일어나는 기적으로 운영되었기 때문이다. 우리는 필요한 일이 생기면 수시로 기도 모임을 가진 데다 정기적인 기도 모임을 가졌다. 그 모임에서 밥 쿡(Bob Cook)과 테드 엥스트롬(Ted Engstrom)은 우리가 본론으로 들어가 진심으로 기도할 수 있게끔 "우리의 판에 박힌 기도를 없애야 한다"고 줄곧 상기시키곤 했다.

나는 '상투적인 기도 생활'이 내 기도 생활의 문제점이라는 사실을 발견했다. 디스크꽂이에 '기도 디스크'를 집어넣고 시작 버튼을 눌러 날마다 똑같은 순서로 똑같은 간구를 주님께 줄줄 읊어대는 건 얼마나 쉬운 일인가. 이런 기도는 예수님이 '이방인과 같이 중언부언'한다고 말씀하신(마 6:7, 흠정역에서는 '헛된 반복') 기도를 말한다. 헬라어 사전을 보면 '생각 없이 말하는 것'이라고 번역되는 구절에는 이런 기도 습관도 포함됨을 알 수 있다. 이것은 특히 매일 기도해야 될 목록이 있는 사람들에게는 문제가 될 수 있다.

늘 새롭고 가슴 떨리는 기도를 하는 것은 주님을 경배하고 즐겁게 말씀을 먹으며, 성령에 굴복하여 우리가 생각하고 말하는 것에 주의를 집중해서 '육체의 연약함'이 나를 엄습하도록 놔두지 않은 결과다. 만일 당신이 그룹으로 기도 모임을 가

> 상투적인 것은 치명적일 수 있으며, 틀에 박힌 모습은 무력함으로 이어지기도 한다.

진다면, 다른 사람들이 기도하는 내용에 주의를 기울여보도록 하라. 당신이 지도자라면 반드시 분위기를 새롭게 하고(유두고를 기억하는가? 행 20:7-12), 참여한 사람들이 때로 일어서고 노래하며 소그룹으로 모일 수 있게 권면하라. 상투적인 것은 치명적일 수 있으며, 틀에 박힌 모습은 무력함으로 이어지기도 한다. 모든 사람이 볼 수 있게 기도 제목을 칠판에 쓰는 것도 좋고, 기도 목록을 인쇄해서 나눠주면 모임에 유용할 뿐 아니라 집에 가져갈 수도 있다.

여기에서 주의해야 할 점이 있다. 우리의 기도에서 상투어를 다 제거하려 할 때, '멋지게' 하려 들지 않도록 조심하자. 기도는 우리의 어휘나 총명함, 외운 성경 구절들을 과시하는 수단이 아니다. 솔로몬은 "함부로 입을 열지 말라"고 경고했다. "하나님 앞에서 급한 마음으로 말을 내지 말라"(전 5:2). 우리가 개인적인 기도를 성실히 하고 주님께 정직하다면, 그 성실함을 공적인 기도 모임으로 옮겨놓는 데도 아무 문제가 없을 것이다. 바울은 '기도로 말해보는' 정도가 아니라 우리에게 "쉬지 말고 기도하라"(살전 5:17)고 간곡히 권한다.

6
"아버지, 우리를 위해 십자가에서 죽으시니 감사합니다"

실제로 어떤 교회 임원이 아침 예배의 첫 기도로 이런 말을 하는 것을 들은 적이 있다. 분명히 그는 기도 준비를 하지 않고 있다가 막판에 급히 기도문을 작성했을 것이다. 나는 설교단과 마주한 모니터에 목사의 기도가 올라가고, 모든 목사들이 경건한 기분으로 그 기도문을 읽기만 하면 되는 예배에 참석한 적이 있다. 어떤 사람들에게는 그것이 자연스럽게 흘러나오는 기도의 진정성이 부족하다고 느껴질지도 모르지만, 급하게 갖다 붙임으로써 삼위일체 하나님의 위격을 혼동하여 신학적 착오를 일으키는 기도보다는 훨씬 낫다.

찰스 스펄전은 한때 목회학 학생들에게 자신의 본을 따라 강단 기도를 준비하라고 했다. 꼭 기도문을 써야 한다는 게 아니라 기도 내용을 충분히 생각해야 한다는 뜻이다. 만일 우리가 설교를 준비하고 대략의 개요를 준비한다면, 기도도 준비하지 않겠는가? 적어도 그때는 주님께 집중해서 기도할 때 "우리 아버지…"라고 말해야 한다는 것을 기억할 수 있을 것이다.

7
"그냥 운이 좋도록 기도할 수밖에 없습니다"

무슨 맥락에서 이 말을 들었는지는 기억나지 않지만 한 문장 안에 기도와 운을 같이 연결시키는 것을 듣고 얼마나 충격을 받았는지 모른다. 기도로 살아간다면, 분명히 우리는 하나님을 믿고 그분의 지혜로운 섭리를 신뢰하는 것이다. 반면 우리가 운으로 살아간다면, 아무도 통제하지 않으며 운으로 돌아간다고 생각하는 세상을 믿는 것이다. 점성용 천궁도를 읽거나 타로 카드로 점을 치며 '영'들과 얘기하게 해달라고 구루에게 돈을 주며, 텔레비전 심령술사들에게 전화를 해서 도움을 요청하는 이런 행동들이 그들의 앞날을 이해하거나 미래에 전혀 선한 영향을 줄 수 없다는 사실을 모르는 사람들을 보면 마음이 답답하다.

하나님을 믿는 믿음과 운을 믿는 마음을 뒤섞는 사람들은 보통 자기가 실패할 때는 운이 나빴다고 탓하며, 성공할 때는 하나님께 별로 고마워할 줄 모르는 모습을 봐왔다. 만일 자신이 싫어하는 사람이 성공하면, 그것은 열심히 일해서가 아니라 운이 좋아서일 뿐이라고 말한다. 반대로 자신이 성공할 때는 하나님이 복 주신 까닭이 아니라 열심히 일한 덕분이라는 것이다. 이런 사람들은 아무도 아브라함의 헌신적인 종이 했던 간증을 하지 못한다. "여호와께서 길에서 나를 인도하사"(창 24:27).

야곱이 원하지 않았던 아내 레아에게는 날 때부터 구조상 이런 종류의 미신을 신봉한 흔적이 있었을지 모른다. 그녀는 여종인 실바를 야곱에게 주었고, 실바가 낳은 첫 아들에게 '갓'이라는 이름을 주었다(창 30:9-11). 갓이라는 이름은 '행운'이라는 뜻으로 이방신의 이름이기도 했다. 이 문제에 대한 하나님의 반응을 생각해보라.

"오직 나 여호와를 버리며 나의 성산을 잊고 갓에게 상을 베풀어놓으며 므니에게 섞은 술을 가득히 붓는 너희여 내가 너희를 칼에 붙일 것인즉"(사 65:11-12).

경건한 유대인들은 전능하신 하나님이 우주를 다스리시며, 거기에는 그들 개인의 삶과 국가의 미래도 포함되어 있다는 사실을 믿었기에 운이나 우연 같은 것을 전혀 믿지 않았다(창 28:15, 시 34:20). 인간의 관점에서는 때로 이것이 '시기와 우연'으로 사건이 일어난 것처럼 보였지만(전 9:11), 유대인들은 여호와 하나님만이 왕으로 세상을 다스리심을 알았다.

"사람이 제비는 뽑으나 일을 작정하기는 여호와께 있느니라"(잠 16:33). 룻이 보아스의 밭에 이삭을 주우러 간 것이 그저 운인 것처럼 보이지만, 이런 결정은 하나님의 섭리로 이루어진 행위였다. 심지어 고통 가운데 있던 나오미도 하나님이 이 일을 주관하심을 깨달았다(룻 2:19-23). 사무엘상 9장에 나오는 나귀들의 이동도 우연이 아니라 섭리였다. 그리고 다윗이 자주 사울 왕을 피해 아슬아슬하게 도망칠 수 있었던 것도 다윗의 책략이라기보다 하나님이 돌보신 결과였다. "나의 도움이 천지를 지으신 여호와에게서로다"(시 121:2). 신약의 그리스도인

기도의 기초

들도 동일한 믿음을 지니고 있었고(행 4:27-30, 롬 8:28) 우리도 그래야 한다.

8
"내게 속삭여라"

유명한 텔레비전 사회자인 빌 모이어스(Bill Moyers)는 린든 존슨(Lyndon B. Johnson)이 대통령이었을 때 백악관 직원으로 근무했다. 임명받은 목사이기도 한 모이어스는 종종 직원들 식사에 감사 기도를 해달라는 대통령의 요청을 받았다. 한번은 모이어스가 점심 식사 기도를 하고 있는데 대통령이 말했다. "좀 크게 말하시오. 당신 목소리가 안 들리니까." 그러자 모이어스가 이렇게 대답했다. "지금 각하와 얘기하는 게 아닌데요."

존슨 대통령은 자신이 하나님이니까 기도를 들어야겠다고 생각한 것이 아니라, 다만 식탁에 있는 한 사람으로서 기도를 듣고 그 감사 기도에 동참하길 원했을 것이다. 나는 대통령의 말에 동감한다. 여러 번 식사 자리에 참여했고 많은 기도 모임을 인도했지만, 조용히 혼잣말하듯 속삭이는 사람들은 그들과 함께 기도하거나 조용히 "아멘"으로 답할 수도 없게 만들어 참 난감할 때가 많았기 때문이다.

또한 이와 정반대 문제를 야기한 이야기가 떠오른다. 내가 아는 위대한 기도의 전사들 가운데 한 사람은 슬라브 복음협회의 창시자인 피터 데이네카(Peter Deyneka) 경이다. 내가 시카고에서 목회하고 있을 때, 그와 나는 자주 기도하기 위해 만났고 그것은 풍성한 경험이 되었다. 인디애나 주의 위노나 호숫가에 있는 웨스트민스터 호텔에서 철야로 YFC 기도 모임을 가질 때 피터는 정말 열렬히 기도했고, 그의 목소리는 기도 제목이 늘어날 때마다 점점 더 커졌다. 그 호텔의 한 손님이 잠을 청하다가 피터의 목소리가 너무 방해가 되자 우리에게 목소리를 낮춰달라는 쪽지를 보냈다. 그 가운데 한 사람이 "피터 씨, 하나님은 귀먹지 않으셨어요"라고 하자 피터는 "그렇다고 신경질적이지도 않으시죠" 하고 대답하곤 계속 기도를 했다.

아마 우리는 이 두 극단 사이의 어디쯤에서 기도해야 할 것이다. 물론 기도는 하나님과의 친밀한 대화지만, 다른 사람들과 함께 기도할 때 하나님이 우리 얘기만 들으시는 것처럼 행동하지는 말자. 한나가 그

> 만일 다른 사람들이 우리가 하는 말을 이해하지 못하면 어떻게 복을 받을 수 있겠는가
> (고전 14:1-15 참조).

랬던 것처럼 다분히 마음으로 침묵하며 기도할 권리도 있지만 (삼상 1:9-18), 모임에서 공개적으로 기도할 경우에는 소리를 높여 청중이 듣고 우리와 함께 기도할 수 있게 해야 한다. 바울은 공중 기도에 적합한 언어에 대해 '만일 다른 사람들이 우리가 하는 말을 이해하지 못하면 어떻게 복을 받을 수 있겠는가'라는 편지를 썼다(고전 14:1-5 참조). 기도를 하는 것은 주님의 어깨 너머로 다른 사람에게 말을 걸라는 뜻이 아니다. 물론 이런 기도를 들어본 적이 있기는 하다. "주님, 우리 목사님이 다음 주일에 준비를 잘하게 도와주세요." 이 말은 단지 공중 기도를 할 때 다른 사람들이 우리 말을 듣고 우리와 짐을 나눌 수 있게 기도로 교제해야 한다는 것을 강조하는 것이다.

내가 어린아이였을 때 주일학교에서 종종 불렀으나 이후 수십 년 동안 들어보지 못했던 찬양이 있다.

아침에 주님께 속삭여요.

정오에 주님께 속삭여요.

저녁에 주님께 속삭여요.

마음이 평화로워지도록.

아침과 정오, 저녁에 기도하는 것은 성경적인 습관이며 나도 이것을 강력히 추천한다. 다니엘이 그렇게 했고(단 6:10), 다윗도 그렇게 했다(시 55:17). 하지만 왜 속삭여야 할까? 우리가 혼자라면 큰 소리로 하나님과 대화할 수 있고, 만일 버스나 병원 대기실에서 모르는 사람들과 같이 있다면 속으로 조용히 기도해도 그분은 우리 얘기를 들으신다. 바리새인들과는 달리 우리는 거리 모퉁이에 서서 얼마나 우리가 용감하게 기도하는지 증명해보이고 싶어하지도 않지만(마 6:5), 그렇다고 영매나 심령술사들처럼 '속삭이고 우물거리는' 말을 따라하고 싶지도 않다(사 8:19). 이사야 26장 16절에서 나오는 사람들은 너무 연약해서 부르짖지도 못하고 속삭여야 했다.

1873년에 무디가 영국에서 사역할 때, 대중잡지인 〈더 크리스천(The Christian)〉에서 성공적인 기도 모임을 이끌기 위한 제안을 발표한 적이 있다. 무디는 영국 제도의 모든 개신교 사역자들에게 잡지를 보냈고, 그들은 그것을 대단히 유익한 자료로 사용하였다. 여기 그가 쓴 요약본이 있다.

> 사람들로 가까이 모여 앉게 하라. 모임 장소를 환기시켜라. 찬양을 활기차게 하고 기도 제목을 구체적으로 말하라. 목사가 짧게 한 마디 하고 주제는 사전에 알린다. 참석자들 앞에서 오지 못한 사람을 꾸짖지 않는다. 당신의 실망스런 마음은 혼자서 하나님께만 아뢴다. 기도가 두 가지 이상 연달아 이어지지 않게 기도에 따라 찬송을 바꾸라. 말을 허물없이 시원시원하게 하고, 모임은 짧게 한다. 사전에 모든 사람들과 개인적으로 얘기해서라도 모두 참여하게 한다. 논쟁은 피하고 시간을 지켜라. 가장 중요한 것은 성령 안에서 기도해야 한다는 것이다(「그들은 그를 무디 씨라고 불렀다(They Called Him Mr. Moody)」).

여기에 한 가지 더 덧붙이고 싶다. 모든 사람이 참여할 수 있도록 기도할 때 소리를 높이도록 권면하라.

9
"기도하며 씨름하지 말고, 그냥 믿어라"

나의 사랑하는 친구 하워드 쉰덴(Howard Sugden)과 나는 여름 성경 컨퍼런스에 강사로 초빙받았다. 총 세 명의 강사가 초빙받았는데, 세 번째 강사는 우리와 함께한 것이 썩 기분 좋아 보이지는 않았다. 아마 그는 쉰덴 박사의 설교자로서의 인격과 인기에 위협을 느꼈거나, 아니면 그냥 그 주에 별로 기분이 좋지 않았을 수도 있다. 어느 날 그는 우리 가운데 한 사람이 설교한 '기도 가운데 씨름하기'의 내용에 대해 비판하기 시작했다.

"기도는 하나님과의 레슬링 시합이 아닙니다." 그는 대단히 강조하며 말했다. "기도는 하나님과의 아름다운 대화입니다. 우리가 믿고 간구하면 그분은 주십니다."

쉬덴 박사와 나는 아무 말도 하지 않았지만, 나는 쉬덴도 나처럼 골로새서 4장 12절을 떠올리고 있음이 분명하다고 확신했다.

> "그리스도 예수의 종인 너희에게서 온 에바브라가 너희에게 문안하니 저가 항상 너희를 위하여 애써 기도하여 너희로 하나님의 모든 뜻 가운데서 완전하고 확신 있게 서기를 구하나니."

'애쓴다'는 말은 헬라어로 '아고니조마이(agonizomai)'로 우리에게는 영어 단어 '번민하다(agonize)'로 전해진다. 하나님과의 조용하고 아름다운 대화 대신 에바브라는 올림픽에 나가 금메달을 따려고 분투하는 레슬링 선수나 경주자처럼 기도하는 중이었다. 바울도 이렇게 기도했다. 그는 로마에 있는 그의 친구들에게 자신을 위해 중보 기도해달라고 요청하며 자신의 '씨름(sunagonizomai)'에 참여해달라고 요청했다(롬 15:30). 우리의 기도가 하나님의 뜻을 이루려 한다면 운동 선수의 인내와 결단력을 필요로 할 때가 있다.

이 말은 우리의 개인적인 고통과 노력이 하나님의 뜻을 굽힐 것이라는 말은 아니지만, 우리가 다른 이들을 위해 중보 기도할 때 냉정하고 수동적인 것이 깊은 영성을 나타낸다는 말도 아니다. 조나단 에드워즈(Jonathan Edwards)는 데이비드 브레이너드(David Brainerd)에 대해 이런 글을 썼다.

> 그의 삶은 사역의 성공이란 무엇인지, 그 옳은 길에 대해 보여준다. 그는 전투에서 승리를 추구하는 용감한 군인이나 큰 상을 받기 위해 경기하는 선수처럼 그것을 추구했다. 그리스도와 영혼에 대한 사랑으로 활기에 넘쳐 그가 얼마나 열심히 일했는지 모른다. 공적이고 개인적인 차원에서 말씀과 교리를 묵상할 뿐 아니라 밤낮으로 하는 기도를 통해서 그는 은밀히 '하나님과 씨름하며' 말로 할 수 없는 신음과 괴로움으로 '해산의 고통을 겪는다'…. 야곱의 진짜 후예처럼, 그는 그렇게 날이 밝을 때까지 어두운 밤 내내 씨름을 견뎌냈다.

기도의 기초 73

> 우리가 기도할 때 야곱의 결단을 따라 "당신이 내게 축복하지 아니하면 가게 하지 아니하겠나이다" (창 32:26)라고 말한다면 얼마나 놀라운 일이겠는가.

찰스 스펄전은 목회자 대학에서 그가 한 '설교자의 개인 기도' 강의를 듣는 학생들에게 이 말을 인용했지만, 그 말은 목사들뿐 아니라 모든 그리스도인들에게 적용되는 말이다. 비록 주의 깊은 성경 해석자들은 창세기 32장 22-31절에 기록된 하나님과 야곱의 씨름이 기도 모임이 아니라 의지의 전투 같은 것이라고 지적하지만, 우리가 기도할 때 야곱의 결단을 따라 "당신이 내게 축복하지 아니하면 가게 하지 아니하겠나이다"(창 32:26)라고 말한다면 얼마나 놀라운 일이겠는가.

기도가 씨름과 관련이 있다는 증거가 더 필요하다면, 나는 당신 앞에 우리 주 예수 그리스도의 모범을 제시하겠다. "그는 육체에 계실 때에 자기를 죽음에서 능히 구원하실 이에게 심한 통곡과 눈물로 간구와 소원을 올렸고 그의 경외하심을 인하여 들으심을 얻었느니라"(히 5:7).

모든 은유와 마찬가지로 '하나님과 씨름한다'는 구절은 마음의 눈으로 보아야 한다. 이 축복된 기도의 제안을 이 엠 바운즈(E. M. Bounds)는 이렇게 묘사했다.

> 가장 존귀하고 가장 가치 있는 형태의 기도는 하나님과 씨름하는 태도에서 성취된다. 그것은 믿음의 싸움이요 승리다. 이는 적에게서 얻은 승리가 아니라 우리의 소망이 자라고 확대되도록 우리의 믿음을 단련시키시는 이로부터 얻은 승리다. 가장 고귀한 영적인 미덕은 가장 고귀한 영적 노력의 형태에서 얻을 수 있다는 사실의 실례가 성경에는 얼마나 많은지 모른다. 그것은 은혜지만 그에 대한 보상의 형태로 주어진다. 연약한 갈망, 무관심한 노력, 게으른 태도에는 은혜가 들어설 여지가 없다. 모든 것은 열정적이고 단호하며 깨어 있어야 한다(「기도와 부흥(Prayer and Revival)」).

물론 '기도의 씨름'을 하는 힘은 성령으로부터 와야 한다. 토저는 "기도가 성령의 감동으로 시작된 것이라면 그 씨름은 멋지고 놀라울 수 있지만, 우리 자신의 과열된 갈망의 희생물일 뿐이라면 우리의 기도는 다른 행동과 마찬가지로 육적인 것이 된다"(「이 세상, 놀이터인가 전쟁터인가?(This World: Playground or Battleground?)」). 주님의 제단에 잘못된 불을 가져오는 것은 위험한 일이다. 나답과 아비후가 죽은 것도 그 때문이었다(레 10장).

찰스 웨슬리(Charles Wesley)의 시 '씨름하는 야곱'의 제10연에는 이런 사실이 잘 나타나 있다.

> 내 기도는 하나님으로 더불어 능력이 생기네.
> 말할 수 없는 그 은혜를 이제 나는 받네.
> 믿음을 통해 나는 그대를 대면하여 보리.
> 이제껏 울고 애썼던 모든 것이 헛된 일은 아니었네.
> 당신의 본성과 당신의 이름은 사랑.

성경에 나오는 많은 기도의 이미지는 은혜의 보좌에 서 있는 우리의 경험이 때로는 여러 가지로 달라지며 이것이 좋은 일임을 우리에게 상기시킨다. 유대의 성소에서 기도는 휘장 앞의 황금 제단 위에 분향하는 행위로 상징된다(눅 1:8-9, 레 5:8). 황무지에 있던 다윗은 성소를 찾아갈 수 없었고, 그는 자신의 손을 하늘로 드는 것으로 분향을 대신하게 해달라고 하나님께 간청했다(시 141:1-2, 딤전 2:8). 다니엘은 예루살렘을 향해 난 창문을 열고 기도했다(단 6:10, 왕상 8:46-51). 그리고 예수님은 제자들에게 기도할 때 골방에 들어가 문을 닫고 기도하라고 가르치셨다(마 6:5-6). 아브라함은 주님과 대화하며 그의 괴로움을 나누었지만(창 18:16-33), 히스기야 왕은 자신의 얼굴을 벽으로 향하고 자신을 살려달라고 하나님께 열렬히 간구했다(사 38:1-3). 한 천사는 동산에서 괴로움에 잠기신 예수님께 나타나 힘을 더했으며, '땀이 땅에 떨어지는 피방울같이' 되었다(눅 22:44).

우리의 기도하는 자세나 습관이 어떻든 비성경적인 것이 아니라면 확실히 열정을 갖고 기도하도록 하자. "의인의 간구는 역사하는 힘이 많으니라"(약 5:16). 이 엠 바운즈의 말을 다시 인용한다. "효력 있는 기도가 되려면 생명력이 있어야 한다. 기도는 살아 있어야 한다. 위대한 믿음, 위대한 필요, 위대한 소망으로 영혼에 불타오를 수 있는 모든 힘을 동원해 활기를 얻어야 한다"(「기도와 부흥(Prayer and Revival)」).

성령도 우리의 기도 가운데 '말할 수 없는 탄식으로' (롬 8:26) 우리를 도우시는데, 우리 자신이 어떻게 때때로 탄식하지 않을 수 있겠는가?

10
"내 원수를 위해 기도하라고요? 너무하시네요!"

원수를 위해 기도하라는 말은 불가능한 요구가 아니다. 그것은 예수님이 그분의 제자들에게 분명히 하라고 말씀하신 것으로 오늘날 우리에게도 적용되는 말이다. "또 네 이웃을 사랑하고 네 원수를 미워하라 하였다는 것을 너희가 들었으나 나는 너희에게 이르노니 너희 원수를 사랑하며 너희를 핍박하는 자를 위하여 기도하라 이같이 한즉 하늘에 계신 너희 아버지의 아들이 되리니 이는 하나님이 그 해를 악인과 선인에게 비취게 하시며 비를 의로운 자와 불의한 자에게 내리우심이니라"(마 5:43-45). 다른 구절에서 누가는 네 가지 구체적인 의무를 기록했다. "너희 원수를 사랑하며 너희를 미워하는 자를 선대하며 너희를 저주하는 자를 위하여 축복하며 너희를 모욕하는 자를 위하여 기도하라"(눅 6:27-28). 이것이 중요하다!

그리스도인들은 일부러 적을 만들어서는 안 되겠지만, 만일 우리가 예수 그리스도를 따른다면 우리에게는 분명히 적이 생길 것이다. 그들은 자신이 종종 '경건한 사람들'이라고 주장할 텐데, 이런 사람들이 바로 예수님을 십자가에 못 박은 사람들이다. 어떤 사람들은 우리를 미워할 것이고, 어떤 이들은 우리를 미워하고 저주하며, 몇몇은 우리를 미워하고 저주하며 일부러 학대할 것이다. 이것이 세상, 즉 '하나님과 동떨어진 사회'가 예수님을 대하는 방식이며, 그분을 닮아갈수록 우리도 그분과 같은 대접을 받아야 할 것이다. 이 세상에서 편하게 살기를 원한다면 결코 예수 그리스도를 깊이 닮아가는 삶을 살 수는 없다(롬 12:1-2).

때때로 '예수 선생님' 또는 '천한 목수 예수'를 향한 부드러운 찬사를 보내긴 하지만, 세상은 예수 그리스도와 예수님처럼 살려는 사람들을 미워한다(요 15:18-25). 당신은 공적인 시민 의례에서 일반적으로 '하나님'에 대해 말할 수 있겠지만, 그것으로 인해 정치적 공격을 받게 될 상황이라면 그분이 주인 되심을 암시하는 식으로는 감히 예수님의 이름을 언급하지 않을 것이다. 예수님은 "사람들이 내 이름을 인하여 이 모든 일을 너희에게 하리니"(요 15:21)라고 말씀하셨지만, 이런 대접이 곧 축복으로 가는 통로가 된다. "나를 인하여 너희를 욕하고 핍박하고 거짓으로 너희를 거스려 모든 악한 말을 할 때에는 너희에게 복이 있나니 기뻐하고 즐거워하라 하늘에서 너희의 상이 큼이라"(마 5:11-12). 이는 모두 우리의 믿음과 사랑에 달려 있다.

어떤 상황 속에서 만일 우리가 이기고 그들이 지는 '승패'의 해법을 바란다면 상황은 악화되고 하나님의 명성과 우리의 증거에 손상을 입힐지도 모른다. 하지만 우리가 믿음으로 '쌍방 승리'의 해법을 추구함으로써 우리는 영적으로 성장하고 우리 원수들은 회개의 자리에 가까워질 그때, 하나님은 영광 받으실 것이다. 하지만 비록 우리의 원수들이 우리의 사랑을 거부하고 우리 주님을 반대한다 해도, 우리에게는 천국에서 예수 그리스도께 영광 돌릴 상급이 보장되어 있다. 결국 지금부터 백 년이 지나면 사람들이 우리에 대해 어떻게 생각하고 이야기하든 그것이 별로 중요하지 않지만, 하나님과 우리의 관계는 대단히 중요해질 것이다.

그렇다면 우리가 원수를 위해 기도할 때 하나님께 어떤 간구를 해야 하는가? 다윗이 쓴 저주의 시편에 적들의 이름을 넣어 읽으면서 하나님께 그들을 파멸시켜달라고 간청해야 하는가? 어떻게 우리의 원수를 사랑하고, 그들에게 유익을 끼치며 진심으로 그들을 위해 기도한단 말인가?

> 이런 사람들을 '사랑한다'는 것은 단순히 주님이 우리를 대접하신 대로 우리도 그들을 대접한다는 뜻이다.

기독교 신자들에게 이런 사람들을 '사랑한다'는 것은 단순히 주님이 우리를 대접하신 대로 우리도 그들을 대접한다는 뜻이다. 하나님이 우리의 이야기를 들어주셨듯이 우리도 그들의 이야기를 듣는다. 하나님이 우리에게 인자하시므로 우리도 그들에게 자비를 베푼다. 하나님은 자비하셔서 우리가 마땅히 받아야 할 취급을 하시지 않으며, 은혜로우셔서 우리가 감당치 못할 대접을 받게 하시므로, 우리는 마땅히 그분의 본을 따라야 한다. 하나님은 예수님 때문에 우리를 용서하시고, 우리는 예수님 때문에 다른 사람들을 용서한다. 하나님은 우리를 위해 최고의 것을 계획하시므로 우리도 우리를 지독하게 대하는 사람들에게 그분으로 하여금 최고의 것을 주시도록 기도해야 한다.

그러나 이것은 우리가 본래 지닌 힘으로는 할 수 없는 일이다. 그리스도인이 이렇게 살아가려면 상당한 믿음과 사랑이 요구되며, 단지 성령님만이 우리가 그런 사랑을 소유하는 데 필요한 것을 공급하신다(롬 5:5).

마치 스데반이 순교할 때 보여주었던 기도의 모범이 바로 다소 사람 사울의 인생의 전환점이 된 것과 비슷하다(행 7:54-8:1, 22:10). 이 사실은 다른 사람들이 내게 말이나 또는 진짜로 돌을 던지기 시작할 때면 늘 용기를 주었다. 우리는 천국의 약속에 시선을 두고 하나님의 선하심이 그들을 인도하여 회개의 자리에 이르는 복을 주시기를 기도해야 한다(롬 2:4). 우리는 그들이 심판에 이르기를 기도하는 것이 아니라 순종할 수 있게 기도해야 한다.

주님은 물을 포도주로 바꾸실 뿐 아니라 저주를 축복으로 바꾸시는 분이다. 사악한 예언자 발람은 이스라엘을 저주하려고 했지만, 하나님은 그의 저주를 축복으로 바꾸셨다. 우리에게 믿음과 사랑이 있다면, 우리를 저주하는 자들을 위해 기도할 수 있다. 하나님은 이생에서뿐 아니라 다가올 영광스런 삶

속에서도 저주를 축복으로 바꾸실 수 있는 분이시기 때문이다. 어쨌거나 바울이 세상의 형편을 곰곰이 묵상한 뒤 내린 영감 있는 결론은 이것이었다. "생각건대 현재의 고난은 장차 우리에게 나타날 영광과 족히 비교할 수 없도다"(롬 8:18).

예수님이 우리의 주님이시라면, 미래는 우리 편이다.

11

"자, 손 모으고, 고개 숙이고, 눈 감고 기도해요"

당신이 성경 학교에서 어린 아이들을 가르치거나 식사 기도를 한다면 이것이 안전한 방법이다. 고개를 숙이고 눈을 감으면 아이들은 장난칠 기회를 엿보지 못하게 되고, 손을 모으면 딴 짓에 정신을 팔지 못한다. 하지만 어른들의 경우, 하나님의 말씀에서 그런 가르침을 본 적이 없다.

아름답고 영감 있는 '기도하는 손' 그림도 있기는 하지만, 성경에 나오는 하나님의 사람들은 기도할 때 손을 모으지 않앉다. 그와는 정반대로 주님으로부터 뭔가 받기를 기대했던 까닭에 그들은 하늘을 향해 손을 펼쳤다. "내가 주의 성소를 향하여 나의 손을 들고 주께 부르짖을 때에 나의 간구하는 소리를 들으소서"라고 다윗은 시편 28편 2절에서 기도했으며, 비슷한 표현을 우리는 시편 63편 4절, 134편 2절, 141편 2절에서도 찾아볼 수 있다. 이것은 경건한 서기관 에스라가 기도했던 방법이기도 하고(스 9:5, 느 8:6), 바울이 성도들에게 그들의 각 지역 집회에서 행하라고 명했던 말씀이다(딤전 2:8). 성경에서 손을 모으는 행동은 보통 아무것도 하지 않고 빈둥거리는 사람들을 묘사하는 말이다(잠 6:9-11, 24:30-34, 전 4:5).

고개 숙이는 행동에 대해 말하자면, 성경에서는 주님을 경외하는 표현으로 고개를 숙이는 사람들을 분명 찾아볼 수 있지만, 그런 습관이 늘 기도와 관련된 것은 아니다(창 24:26, 출 4:31). 하나님의 사람들은 대개는 기도할 때 눈을 들어 하늘을 향했고(시 123:1), 이것은 예수님이 좇으신 기도의 습관이기도 했다(마 14:19, 요 11:41, 17:1). 더욱이 우리는 깨어 기도하거나 눈을 뜨고 기도하라는 명령을 받았다. 이 말은 "눈을 뜨고 경계하라"는 뜻이며, 아마도 느헤미야 4장 9절을 근거로 한 표현일 것이다. "우리가 우리 하나님께 기도하며 저희를 인하여 파숫

군을 두어 주야로 방비하는데."

우리를 둘러싼 세상의 압박과 혼란(막 13:32-37), 육신의 연약함(마 26:41, 막 14:32-38), 마귀의 공격(엡 6:18) 때문에 우리는 기도할 때 눈을 크게 뜨고 경계해야 한다. 또 주님이 우리에게 열어주시는(골 4:2) 기회를 볼

> 우리 기도의 대부분은 차려 자세로 명령을 기다리거나 전장에 나가 도움을 청하는 군인의 자세와 더 비슷하다.

수 있도록 깨어 있어야 한다. 어떤 기도는 부모의 품에 안긴 아이처럼 조용하고 평온한 반면, 우리 기도의 대부분은 차려 자세로 명령을 기다리거나 전장에 나가 도움을 청하는 군인의 자세와 더 비슷하다.

떠들썩한 세상 속을 살아가면서도 모든 신자들은 주님과 교제하는 연습을 계속해야 한다. 중세의 영적 지도자들은 이런 연습을 '마음 기도'라 불렀다. 눈을 감으면 방해되는 것들을 차단하고, 하나님의 자비에 감사하며, 성경의 진리를 묵상하고, 마음으로부터 침묵으로 주님과 대화하는 데 도움이 된다. 나는 병원 대기실과 공항, 슈퍼마켓 계산대 앞에서, 또 많은 다른 장소에서 '마음 기도'를 했다. '마음 기도'를 하면 내 영이 잠잠케 되고, 앞에 놓인 과업을 감당할 원기가 회복되는

놀라운 일이 일어났다. 나는 이 기도를 '복된 휴식 시간'이라 부르는데, 특히 아내와 내가 사역 여행을 다니는 동안 많은 도움이 되었다. 존 번연(John Bunyan)은 이런 말을 했다. "기도할 때는 마음 없는 말보다는 말 없는 마음이 더 낫다." 그의 말이 맞다. "너희는 가만히 있어 내가 하나님 됨을 알지어다"(시 46:10).

지금까지는 은혜의 보좌에서 진지하게 하나님을 만나려는 이들에게, 그분이 주시는 풍성함과 위로를 경험하지 못하게 하는 몇 가지 기도 습관에 대해 언급하였다. 이제 깊은 기도를 경험하며 성령의 역사를 체험하는 기도에 대해 살펴보자.

둘.

깊은 기도 경험하기

주여, 우리에게도 기도를 가르쳐주옵소서.
- **누가복음 11:1**

설교자 열 사람보다는 기도하는 한 사람을 가르치고 싶다.
- **존 헨리 조웨트**(John Henry Jowett)

12
"우리에게 기도를 가르쳐주옵소서"

"예수께서 한 곳에서 기도하시고 마치시매 제자 중 하나가 여짜오되
주여 요한이 자기 제자들에게 기도를 가르친 것과 같이
우리에게도 가르쳐주옵소서"(눅 11:1).

당신이 주님께 한 가지 특별한 기술을 요청할 특권이 있다면, 무엇을 요청하겠는가? 친구를 사귀는 기술, 돈을 버는 기술, 그리스도를 위해 증거하는 기술, 아니면 선택한 직업에서 크게 성공하는 기술들 가운데 어떤 것을 요청하겠는가?

이 질문에 대한 우리의 대답은 우리 인생에서 진정으로 중요하게 여기는 것이 무엇인지를 보여준다.

예수님의 제자 가운데 한 사람이 예수님께 기도하는 것을

가르쳐달라고 했다. 그들은 깊은 기도를 경험하기 원했고, 우리도 그래야 한다. 우리가 기도하는 법을 알 때 주님도 우리의 모든 필요를 채우도록 도우실 수 있다.

> 우리가
> 기도하는 법을 알 때
> 주님도 우리의
> 모든 필요를 채우도록
> 도우실 수 있다.

우리가 이미 소유하고 있는 기술이 무엇이든, 기도 생활하는 삶보다 뛰어난 삶을 살 수는 없다. 우리 삶의 가장 중요한 부분은 하나님만이 보실 수 있는 부분이며, 우리가 입에 올리는 가장 중요한 말도 기도의 자리에서 하나님이 들으시는 말이다. "하나님 없이 살아가는 인간은 비참하게 실패하든가 더 비참하게 성공하든가 둘 가운데 하나일 수밖에 없다"고 조지 맥도날드(George MacDonald)는 말했다. 실패가 초라한 성공보다는 낫지만, 우리가 기도에 대한 기본적인 교훈을 배우고 연습한다면 둘 가운데 어느 것에 대해서도 걱정할 필요가 없다.

깊은 기도를 경험하기 위한 네 가지 단계가 있고 각 단계에는 우리가 배워야 할 중요한 교훈이 있다. 우리는 이 단계들을 다음 몇 장에서 논의할 것이다.

첫 번째 단계: '기도하라' (눅 11:1)

만족스런 기도 생활은 소수의 상류층만 즐기는 사치품 같은 요소가 아니라, 예수 그리스도를 믿는 모든 사람에게 꼭 필요한 요소다. 그러므로 우리는 기도해야 한다.

세례 요한은 이삭처럼 자식을 갖기에는 너무 나이 든 부부에게서 기적같이 태어난 아이였다. 그는 어머니의 자궁에서부터 이미 성령으로 충만했다. 그는 구약의 예언들을 성취했으며, 예수님은 그를 선지자보다 나은 자라고 부르셨다. 요한은 예수님을 이스라엘에 소개하며 이스라엘 백성들이 그분을 영접할 수 있게 준비하는 특권을 누렸다(눅 1:5-25, 7:18-28). 요한은 그토록 큰 특권을 받은 사람이었지만, 그 역시 기도해야 했다. 그리고 그는 제자들에게도 기도를 가르쳤다.

주님의 제자들은 직접 부름받아 그분과 함께 살며 배우고 그분으로부터 기적을 행하는 능력까지 받는 특권을 누렸다. 하지만 그들은 능력 있게 기도하는 법을 알고 싶어했다.

주님은 인간 육신에 거하신 죄 없는 하나님이셨다. 그분은 병든 자를 고치시고, 심지어 죽은 자를 일으키실 수 있었으며, 성령 충만한 분이셨다(요 3:34). 그분이 이해하지 못하거나 해결하지 못할 상황, 필요한 것을 채우지 못할 상황이 없으셨다. 그럼에도 불구하고 기도하셔야 했다. 사복음서는 예수님이 기도에 대해 가르치셨을 뿐 아니라 그분 자신이 기도의 사람이었음을 분명히 밝힌다. 완전하신 하나님의 아들이 이 땅에서 살고 사역하는 동안 기도해야 했다면, 우리는 어떠해야 하겠는가? 우리도 기도해야 한다!

주님과의 풍성한 교제를 누리기 위한 기초는 우리가 기도해야 한다는 사실로부터 출발한다.

13
하나님의 뜻대로 하는 기도로 나아가다

"예수께서 한 곳에서 기도하시고 마치시매 제자 중 하나가 여짜오되 주여 요한이 자기 제자들에게 기도를 가르친 것과 같이 우리에게도 가르쳐주옵소서"(눅 11:1).

두 번째 단계: '하나님의 뜻 안에서 기도하라' (눅 11:2-4)

'너희는 기도할 때에'(눅 11:2)라는 말은 제자들이 기도하기를 원하는 예수님의 마음을 암시한다. 그게 아니라면 그분은 이렇게 말씀하셨을 것이다. '만일 너희가 기도한다면.' 우리는 보통 주기도문이라고 불리는 주님이 가르치신 기도의 본보기를 우리의 개인 예배와 공동 예배의 일부로 사용할 수도 있다. 초기 교회는 이것을 그들의 정규 예배에서 사용했고, 우리도 이 기도를 우리 자신의 기도에 하나의 모범으로 사용할 수 있으며, 이는 우리가 하나님의 뜻 안에서 기도하는 데 도움이 될 것이다.

우리는 대체로 마태복음 6장 9-13절에 나오는 예수님의 기도 모범(주기도문)에 대해 잘 알고 있다.

>하늘에 계신 우리 아버지여
>
>이름이 거룩히 여김을 받으시오며
>
>나라이 임하옵시며 뜻이 하늘에서 이룬 것 같이
>
>땅에서도 이루어지이다
>
>오늘날 우리에게 일용할 양식을 주옵시고
>
>우리가 우리에게 죄 지은 자를 사하여 준 것같이
>
>우리 죄를 사하여 주옵시고
>
>우리를 시험에 들게 하지 마옵시고
>
>다만 악에서 구하옵소서

관계

예수님의 기도는 관계로 시작된다. '우리 아버지여' (마 6:9). 이것은 하나님의 모든 자녀들이 사용하는 일종의 가정 기도이므로 '우리' 라는 말은 하나님의 모든 백성을 지칭한다. 당신은 이 기도에서 부르는 인칭 대명사가 모두 복수형임을 알아차릴 것이다. '우리 아버지여', '우리에게 주옵시고', '우리 죄를 사하여 주옵시고', '우리가 사하여 준 것같이', '우리를 시험에 들게 하지 마옵시고', '(우리를) 구하옵소서.' 이런 사실은 아주 중요한 의미를 함축한다.

첫 번째 의미는 우리가 혼자 기도할 때도 늘 전 세계에 흩어져 아버지께 기도드리는 가족의 일부라는 것이다. 우리의 기도는 전 세계에 초점이 맞춰져야 하고 우리 자신의 필요나 친구와 친척의 범위보다 훨씬 폭이 넓어야 한다. 사도 요한이 보았던 것은 한 성도의 기도가 아니라 '성도들의 기도들'을 가진 장로들이었다(계 5:8). 우리의 필요와 우리가 사랑하는 사람들의 필요를 위해 기도할 모든 권리가 있지만, 우리의 기도를 그런 차원에서 멈추면 안 된다.

더구나 이런 복수 명사들은, 우리가 다른 사람을 해치거나 무시하는 일은 어떤 것도 주님께 요청하지 말아야 한다는 사실을 상기시킨다. 나는 언젠가 한 목회자에게 공개 석상에서 그가 사는 도시의 다른 교회를 위해 기도한 적이 있는지 물어보았다. "아뇨." 그는 이렇게 대답하더니 웃으며 덧붙였다. "우리 성도들은 우리 교회가 이곳에서 유일한 교회라고 생각해요." 하지만 그 후에 그는 주일 예배 때마다 계획을 세워 그 도시의 다른 교회와 목회자들을 위해 기도하기 시작했다. 뿐만 아니라 다른 나라에서의 사역과 교회의 확장된 기도 비전을 위해서도 간구했다. 그가 이렇게 다른 기도 사역을 펼침으로써 그의 교회는 실제로 성도들이 열린 정신을 발휘하는 것을 목격하는 유익을 얻었다.

마지막으로 이 복수 명사는 우리가 형제, 자매들과의 교제 없이는 존재할 수도 없고 하나님이 우리 기도를 듣고 응답하시기를 기대할 수도 없다는 사실을 상기시킨다. 예수님은 마음이 상한 형제, 자매와 화목하는 것이 주님께 예물을 드리는 것보다 중요하며(마 5:21-26), 우리가 서로를 용서할 때까지 하나님의 용서하심을 받을 수 없다(마 6:14-15)는 사실을 분명히 하셨다.

물론 '아버지'라는 단어는 우리 기도에 응답하셔서 아들의 영광이 되기를 기뻐하시는 우리 하늘 아버지와 우리 관계의 다른 부분인 수평 관계를 생각하게 한다. 내가 예수 그리스도를 믿음으로써 그분의 가족 안에 태어나지 않았다면, 나는 하나님을 '아버지'라고 부르며 그분께 탄원할 권리가 없다. 능력 있는 기도를 하려면 하나님과의 바른 관계와 다른 사람들과의 바른 관계가 필요하다. "내가 내 마음에 죄악을 품으면 주께서 듣지 아니하시리라"(시 66:18).

의무

우리 기도의 모범은 관계에서 의무로 옮겨간다(마 6:9-10). 그것은 하나님의 이름을 영화롭게 하고 하나님 나라가 이루어지도록 애쓰며, 하나님의 뜻에 순종하는 것이다.

너무나 많은 사람들이 탕자처럼 기도한다. "아버지, 주십시오!" 토저는 이렇게 말했다. "복음적인 그리스도인들 사이에서 기도는 하늘의 영광을 향하기보다 일확천금의 목적으로 달려드는 것으로 변질될 위험이 있다"(「출항(The Set of the Sail)」). 하나님은 하나님 자신의 이름이 거룩히 여김을 받으실 수 있도록 기도에 응답하시며, 그것은 그분에게 별 관심을 두지 않는 세상 가운데 그분의 이름이 '드높아진다'는 것을 뜻한다. 아버지께 기도 제목을 가져오기 전에 우리는 하나님을 향한 우리 자신의 의무에 비추어 그것을 살펴보고 이렇게 물어야 한다. "만일 하나님이 내 요청을 들어주신다면, 그 응답이 그분의 이름을 영화롭게 하고 그분의 나라를 확장시키며 이 땅에서 그분의 뜻이 이루어지게 할 수 있을까? 아니면 내가 단지 이기심에서 달라고 구하는 것인가?"

믿음으로 살며 기도에 의지하는 사람들은 구원받지 못한 이들에게는 수수께끼처럼 여겨진다. 몇몇 개의 기도 응답은 우연의 일치일지도 모르나, 기도가 하나하나 차례로 연달아 응답될 때는 여기에 주목해야 한다. 이것이 하나님이 영광 받으시는 방법이다.

우리가 하나님의 이름이 영광 받으시기를 기도하는 것은 우리 기도에서 이기심을 배제하는 데 도움이 된다. 그분의 나라가 임하시며 그분의 뜻이 이루어지기를 간청할 때, 우리는 기꺼이 그분의 뜻을 행하는 종이 되며 더 이상 주님께 뭘 하시라고 시키는 주인으로 행세하지 않게 된다. 그분에게 굴복하고 어떤 대가를 치르더라도 그분의 뜻이 이루어지길 원한다면, 우리는 예수님이 기도하셨던 대로 이렇게 기도할 것이다. "그러나 나의 원대로 마옵시고 아버지의 원대로 하옵소서"(마 26:39). 위의 세 가지 의무를 진지하게 이행하는 것만큼 종교적인 '청구 목록'을 줄이는 것은 없다.

요청

예수님의 기도에서 발견되는 세 가지 요청은 우리의 당면한 필요(마 6:11), 과거의 실패(마 6:12), 앞으로의 결단(마 6:13)과 연관된다. '일용할 양식'은 음식(물론 이것이 기초적인 필요이긴 하나) 이상의 것을 포함한다. 즉, 우리가 날마다 하나님을 섬기는 데 필요한 모든 것을 망라한 표현이다. 대부분의 사람들은 어제의 후회와 내일의 걱정이라는 두 도둑 사이에서 십자가에 못 박히는 까닭에 오늘의 축복을 즐기지 못한다고 누군가 이야기한 적이 있다. 주님은 그분의 자녀들을 위해 과거의 죄를 용서하시고, 현재의 필요(욕심이 아니라)를 공급하시며, 미래의 결단과 상황으로 우리를 인도하신다. 그런데 왜 걱정하는가(마 6:25-34)?

14
하나님의 진정한 뜻 안에서 기도하기

🌿 세 번째 단계: '자비로운 아버지에게 나아오는 어린아이 처럼 기도하라' (눅 11:5-12)

예수께서 그들에게 말씀하셨다. "너희 가운데서 누구에게 친구가 있다고 하자. 그가 밤중에 그 친구에게 찾아가서, 그에게 말하기를 '여보게, 내게 빵 세 개를 꾸어주게. 내 친구가 여행 중에 내게 왔는데, 그에게 내놓을 것이 없어서 그러네!' 할 때에, 그 사람이 안에서 대답하기를 '나를 괴롭히지 말게. 문은 이미 닫혔고, 아이들과 나는 잠자리에 누웠네. 내가 지금 일어나서, 자네의 청을 들어줄 수 없네' 하겠느냐? 내가 너희에게 말한다. 그 사람의 친구라는 이유로서는, 그가 일어나서 청을 들어주지 않을지라도, 귀찮게 졸라대면 마침내 일어나서 그 사람이 필요로 하는 만큼 줄 것이다.

내가 너희에게 말한다. 구하여라, 그러면 너희에게 주실 것이요, 찾아라, 그러면 찾을 것이요, 문을 두드려라, 그러면 너희에게 열어주실 것이다. 구하는 사람마다 받을 것이요, 찾는 사람마다 찾을 것이요, 문을 두드리는 사람에게 열어주실 것이다. 너희 가운데 아버지가 되어가지고 아들이 생선을 달라고 하는데 생선 대신에 뱀을 줄 사람이 어디에 있으며, 달걀을 달라고 하는데 전갈을 줄 사람이 어디에 있겠느냐?"(눅 11:5-12, 표준새번역)

이 비유에 대한 일반적인 설명은 하나님이 일어나셔서 우리가 원하는 것을 주실 때까지 우리는 지속적으로 기도하고 계속 문을 두드려야 한다는 것이다. 하지만 기도는 우정이나 친절함에 기초한 것이 아니다. 이는 하나님의 아들과 딸이라는 가족 관계에 기초한다. 이 비유는 아버지를 이런 무뚝뚝한 이웃에 비교하는 것이 아니라 아버지를 이웃과 확연히 대조적인 인물로 나타내는 것이다.

우리 주님의 결론은 이것이다. "아이들을 달래느라 지친 이웃도 결국에는 침대에서 일어나 친구의 부탁을 들어주는데, 하물며 좋으신 하늘 아버지가 사랑하는 자녀들의 필요를 채워주시지 않겠는가?"

누가복음 18장 1-8절에 나오는 과부의 비유에서도 같은 접근법을 발견한다. 이기적이고 마음이 삐뚤어진 재판관도 마침내 의지할 곳 없는 과부를 도와주는데, 우리의 사랑하는 아버지를 우리가 부를 때 그분은 얼마나 더 우리를 도와주시겠는가? 우리의 하늘 아버지는 결코 할 일 없이 시간을 보내거나 주무시지 않으며, 사랑하는 마음으로 늘 우리의 필요와 부르짖음에 민감하게 반응하신다. "너희 염려를 다 주께 맡겨버리라 이는 저가 너희를 권고하심이니라"(벧전 5:7).

누가복음 11장 8절에 나오는 강청함(어떤 판본에서는 '끈질김')이라는 것은 '뻔뻔스러움'을 뜻하며, 그 지역 사회에서 명성을 유지하려는 이웃의 욕구에 의지하며 부탁하는 것이다.

만일 그가 마을의 손님에게 음식을 베풀고 돕지 않았다면, 근동의 기본법인 환대의 법칙을 어기는 것으로 자신의 친구와 친척들을 볼 면목이 없을 것이다.

뉴 리빙 바이블(New Living Bible)에는 이렇게 표현되고 있다. "그가 일어나서 네가 원하는 것을 주어 자기의 평판이 손상되지 않게 하리라."

이는 마태복음 6장 9절의 "이름이 거룩히 여김을 받으시오며"로 다시 돌아오게 한다. 하나님은 그분 이름의 영광을 위한 기도에 응답하신다. 그리고 그분은 우리에게 필요한 것을 빌려주고는 다시 갚으라고 하시는 분이 아니다. 그분은 사랑이 넘치는 자비로운 아버지처럼 주고 또 주며 끝없이 베푸신다. 만일 무엇인가 하나님의 뜻을 벗어난 것을 달라고 기도하면 그분은 당연히 우리가 원하는 것을 주시지 않을 것이다. 하지만 그보다 훨씬 좋고 우리에게 진정으로 필요한 것을 주실 것이다.

그러나 이 비유는 또 다른 내용도 전한다. 불시의 위급한 상황일 때만 기도하지 말고, 매일의 필요를 위해 아버지께 계속해서 간구하라는 것이다. 다시 말해 "오늘날 우리에게 일용할 양식을 주옵시고"(마 6:11)라는 뜻이다. 누가복음 11장 9절에서는 동사의 시제가 중요하다. "계속 구하고, 계속 찾으며, 계속 두드려라"(현대어 성경). '구한다'는 말은 아버지의 풍부한 재산을 말하며, '찾는다'는 것은 아버지의 뜻을, '두드린다'는 말은 아버지의 일을 가리킨다(성경에서 '열린 문'은 종종 그분을 섬길 수 있는 기회와 연관된다. 행 14:27, 고전 16:9, 고후 2:12, 골 4:3, 계 3:8). 우리가 아버지의 뜻에 순종하고 그분의 일을 한다면, 언제나 아버지의 재산을 청구할 권리가 있다. 탕자는 아버지의 재산을 원했지만, 그분의 뜻과 그분의 일은 원하지 않았다(눅 15:11-13).

기도는 하나님을 귀찮게 하고, 협상하며 그분에게서 무언가를 빌리거나 부담을 주는 활동이 아니다. 진정한 기도는 우리가 그분을 사랑하고 신뢰하며, 그분이 우리의 필요를 채워주실 것을 알기에 감사하는 것이다.

> 그분에게 선택을 맡기는 이들에게 아버지는 언제나 최고의 것을 주신다.

또한 그러기에 우리는 그분 앞에 나아와 간구한다. 우리 마음의 사랑은 그분의 마음에 존재하는 사랑에 대한 반응이며, 우리는 그분이 주실 응답이 정확히 우리에게 필요한 것임을 알고 있다. 그 응답이 사랑 많으신 아버지의 마음에서 나오는 것이므로 우리는 어떤 기도의 응답도 두려워할 필요가 없다.

깊은 기도 경험하기

그분은 우리가 빵이나 달걀을 달라고 할 때, 뱀이나 전갈을 주시는 분이 아니다. 그분에게 선택을 맡기는 이들에게 아버지는 언제나 최고의 것을 주신다. 문제는 우리가 빵이라고 생각하며 뱀을 달라고 하거나, 달걀이라고 생각하고 전갈을 달라고 하는 데 있다. 살아가면서 응답되지 않은 기도에 감사할 줄 알게 될 때, 그것은 곧 성숙함의 증거가 된다.

15
성령의 역사

🌿 네 번째 단계: '성령의 선한 은사들을 위해 기도하라'
(눅 11:13)

"너희가 악할지라도 좋은 것을 자식에게 줄 줄 알거든 하물며 너희 천부께서 구하는 자에게 성령을 주시지 않겠느냐!"

이 구절을 마태복음에서는 "좋은 것으로 주시지 않겠느냐"

(7:11)라고 표현하는데, 두 진술을 합쳐보면 우리는 "성령의 좋은 것으로 주시다"라는 결론을 얻게 된다. 우리의 물질적, 육체적 필요와 다른 이들의 필요를 채워달라고 요청하는 것도 하나님의 뜻이지만, 거기서 멈춰서는 안 된다. 탕자는 자신의 죄를 회개하고 그의 아버지가 있는 집으로 돌아올 때, "아버지, 주시옵소서"가 아니라 "아버지 저를 품꾼의 하나로 보소서"(눅 15:19)라고 말하기로 결심했다. 그는 소유와 쾌락이 아니라 성품과 봉사에 관심을 두었다.

> 아버지는 모든 자녀들이 그분의 사랑하는 아들을 닮아가기를 간절히 바라신다.

시간을 들여 사도 바울이 옥중에서 기록한 기도 에베소서 1장 15-23절, 3장 14-21절, 빌립보서 1장 9-11절, 골로새서 1장 9-12절을 천천히 묵상해보기 바란다. 이 교회의 성도들을 위해 바울이 간구한 것은 성령이 주시는 성품의 은사에 초점이 맞춰져 있다. 하나님은 자신의 자녀들의 성품이 성숙하여 예수 그리스도를 더욱 닮아가기를, 즉 성령의 좋은 은사를 받기를 원하셨다. 그리스도인들이 그들 자신의 경험 가운데 이 기도가 성취되도록 주님께 간구한다면, 전부는 아니어도 교회와 가족 내의 문제들은 대부분 해결될 것이다. 우리를 향하신 하나님의 목적은 우리가 '그 아들의 형상을 본받는'(롬 8:29, 고후 3:18) 것이며, 바울의 말로 표현된 간구들을 통해 그 목표에 도달하게 되는 것이다.

우리는 이렇게 분투하는 한편, 또 아홉 가지 '성령의 열매'를 기도 요청으로 바꾸며(갈 5:22-23), 성령이 우리 삶 속에 놀라운 자질을 나타내시도록 하나님께 간구해야 한다. 예수 그리스도가 이 땅에서 사신 삶과 사역의 기록인 복음서를 읽을 때, 우리는 그분의 아름다운 성품과 행동이 우리 안에서도 다시 나타날 수 있게 기도해야 한다.

영성 생활의 목적은 우리가 어떤 의미에서든 위대한 그리스도인이 되는 것이 아니라, 우리의 성품과 행동 속에 그분을 드러냄으로써 위대한 구주인 그분께 영광을 돌리는 것이다. 아버지는 모든 자녀들이 그분의 사랑하는 아들을 닮아가기를 간절히 바라신다. 그것이 깊은 기도를 하며 아버지께 성령의 좋은 은사를 구해야 하는 이유다.

기도에 관해 누가복음 11장 13절에 기록된 중요한 문장을 다시 살펴보면, 사람들이 기도에 대해 품은 많은 잘못된 오해를 예수님이 정정하셨음을 발견할 수 있다.

- 기도는 사치가 아니라 필수다. 우리는 기도해야 한다.
- 기도는 부루퉁해 있는 친구를 귀찮게 하는 것이 아니라, 결코 잠들지 않으며 사랑과 인내가 넘치시는 하늘 아버지께 나아가는 것이다.
- 기도는 이웃에게서 무엇인가를 빌리는 것이 아니라 우리 아버지로부터 선물을 받는 것이다. 모든 것이 은혜다.
- 기도는 단순히 우리의 유익을 위한 것이 아니다. 이는 무엇보다 하나님의 영광을 위해서다.
- 기도는 삶의 위급한 상황뿐 아니라 매일의 일상적인 삶을 위한 것이다. "쉬지 말고 기도하라"(살전 5:17). 믿음으로 계속 구하고 찾고 두드려라.
- 당신은 하나님이 어떤 대답을 하실지 두려워할 필요가 없다. 그분은 당신이 배고파 빵을 달라고 할 때 뱀을 주시는 분이 아니다.
- 기도는 단순히 삶의 물질적인 필요만을 위해서가 아니라 영적으로 최고의 복을 구한다는 뜻이다. 그것은 둘 다 중요하다.

깊은 기도를 하며 풍성한 은혜를 받는 것에 대해 배웠는데, 당신은 계속 전진하고 있는가?

셋.
응답 없는 기도 넘어서기

어떤 기도는 잘못되었기 때문에 침묵하시며, 어떤 기도는 우리가 생각하는 것보다 큰 문제인 까닭에 응답하지 않으신다.
- **오스왈드 챔버스**(Oswald Chambers)

사람들이 약속을 입에 올릴 때마다 때로 나는 전율하며 이렇게 말한다. 하나님이 그들에게 그 약속을 이행하시는 것이 막히는 때는 언제나 그들의 삶에 쉽게 포기하지 못할 죄가 있을 때라고.
- **드와이트 무디**(Dwight L. Moody)

쉬지 말고 기도하라. 하지만 하나님의 응답은 당신의 기도보다 훨씬 지혜로우심에 감사하라.
- **윌리엄 컬버트슨**(William Culbertson)

16

하나님과의 관계가 중요하다

항만 노동자인 에릭 호퍼(Eric Hoffer)는 그의 책 「부두에서 일하고 사색하기(Working and Thinking on the Waterfront)」에서 "이른 아침 어떻게 된 셈인지 일평생 기도해본 적이 없다는 생각이 내 머리를 스쳤다"라고 썼다. 이 문장을 읽으면서 나는 '기도 없이 그럭저럭 살아가는 법(How to Manage without Prayer)'이라는 제목으로 책을 쓰면 어떨까 진지하게 고민하게 되었다. 그때 나는 기도 없는 삶에 대해 얘기하는 건 전혀 권할 만한 일이

못 된다는 걸 깨닫고, 그 계획을 포기했다.

하나님의 사람들은 솔직히 기도 없이 대충 살아갈 수 없는 사람들이다. 그런데도 많은 이들이 그런 시도를 한다. 야고보서 4장 2절에서는 "너희가 얻지 못함은 구하지 아니함이요"라고 경고하는데, 이 맥락은 기도하지 않는 사람들은 자신들이 무엇을 놓치고 있는지 모른다는 것을 암시한다. 기도는 대단히 귀하고, 바꿀 수 없는 특권이므로 우리가 감히 소홀히 하거나 악용할 수 없다. 우리가 이 세상에 존재하는 한, 기도를 대신할 만한 것은 전혀 없다.

능력 있는 기도 생활을 하려면 하나님과 다른 사람들 그리고 자기 자신과 올바른 관계를 형성해야 한다. 이 부분에서 뭔가 잘못된다면, 우리 기도 생활은 분명히 병들 것이다. 우리는 우리 기도가 '하늘에 상달'(대하 30:27)되어 하나님이 받아주시기를(욥 42:9, 시 6:9) 원한다. 우리가 절대로 원하지 않는 것은 주님이 바벨론 사람들을 일으키셔서 예루살렘을 멸망시키신 후 남은 유대인들이 경험했던 것이다. "내가 부르짖어 도움을 구하나 내 기도를 물리치시며… 주께서 구름으로 스스로 가리우사 기도로 상달치 못하게 하시고"(애 3:8, 44). 우리는 모두 우리 기도가 상달되기를 진심으로 원한다.

주님은 의인의 기도를 들어주실 뿐 아니라(잠 15:29), 그들을 즐거워하시고 그분의 백성들이 기도할 때 기뻐하신다. "정직한 자의 기도는 그가 기뻐하시느니라"(잠 15:8). 그분이 우리의 기도를 들으시고 응답하실 때마다 주님은 그분 자신의 사랑을 우리와 나누신다. "하나님을 찬송하리로다 저가 내 기도를 물리치지 아니하시고 그 인자하심을 내게서 거두지도 아니하셨도다"(시 66:20). 이것은 우리에게 가까이오시는 주님의 여러 가지 방법 가운데 하나다. "여호와께서는 자기에게 간구하는 모든 자 곧 진실하게 간구하는 모든 자에게 가까이하시는도다"(시 145:18). 우리에게 기도는 하나님을 즐거워할 뿐 아니라 하나님께 기쁨을 드리는 것이어야 한다.

주님과 깊은 관계를 맺으려면 확신으로 이어지는 믿음과 순종으로 이어지는 사랑이 있어야 한다. 믿음이 없이는 기쁘시게 못한다(히 11:6). 믿음은 응답받는 기도의 핵심이다. "너희가 기도할 때에 무엇이든지 믿고 구하는 것은 다 받으리라"(마 21:22). 하지만 믿음은 들음에서 나며 들음은 그리스도의 말씀으로 말미암기 때문에(롬 10:17) 하나님의 말씀을 무시한다면 그분이 우리의 기도에 응답해주시기를 기대할 수는 없다. 예수님이 말씀하셨다. "너희가 내 안에 거하고 내 말이 너희 안에 거하면 무엇이든지 원하는 대로 구하라 그리하면 이루리라"(요 15:7).

한편 사람이 귀를 돌이키고 율법을 듣지 아니하면 그의 기도도 가증하다(잠 28:9). 나아가 선지자 스가랴는 분명히 이렇게 말했다. "그 마음을 금강석 같게 하여 율법과 만군의 여호와가 신으로 이전 선지자를 빙자하여 전한 말을 듣지 아니하므로 큰 노가 나 만군의 여호와께로서 나왔도다 만군의 여호와가 말하였었노라 내가 불러도 그들이 듣지 아니하였은즉 그들이 불러도 내가 듣지 아니하고"(슥 7:12-13). 우리가 그분의 말씀을 듣지 않는데 그분이 굳이 우리 얘기를 들으셔야 할 이유가 있겠는가?

주님을 믿는 사람들은 그분이 기도를 들으시고 응답하신다는 내적 확신이 있으며(요일 5:14-15), 주님을 사랑하면 그분에게 순종하려는 갈망이 생긴다. 예수님은 이런 말씀을 하셨다. "너희가 나를 사랑하면 나의 계명을 지키리라"(요 14:15). 그들은 순종이 주님과의 바른 관계, 응답받는 기도로 이어지는 관계를 맺는 데 필수적이라는 사실도 안다. 시편 기자는 이렇게 확신

한다. "내가 내 마음에 죄악을 품으면 주께서 듣지 아니하시리라 그러나 하나님이 실로 들으셨으며 내 기도 소리에 주의하셨도다"(시 66:18-19). 18절에서 '품으면'으로 번역된 단어는 "죄가 있음을 인정하고, 찬성하며 아무런 노력도 하지 않는다"는 뜻이다.

불순종은 능력 있는 기도를 할 수 없게 만드는 장벽이 된다. 특히 불순종에 종교적 위선의 가면이 씌워지면 더욱 그렇다. 이사야가 활동하던 시대에 이스라엘 백성들은 성전에 북적대며 제단에 희생물을 가져와 그들의 손을 들고 기도했지만, 하나님은 감동하지 않으셨다. 하나님은 그분의 종 이사야를 보내어 이렇게 말씀하셨다.

> "여호와께서 말씀하시되 너희의 무수한 제물이 내게 무엇이 유익하뇨 나는 수양의 번제와 살진 짐승의 기름에 배불렀고 나는 수송아지나 어린 양이나 수염소의 피를 기뻐하지 아니하노라 너희가 내 앞에 보이러 오니 그것을 누가 너희에게 요구하였느뇨 내 마당만 밟을 뿐이니라 헛된 제물을 다시 가져오지 말라 분향은 나의 가증히 여기는 바요 월삭과 안식일과 대회로 모이는 것도 그러하니 성회와 아

울러 악을 행하는 것을 내가 견디지 못하겠노라… 너희가 손을 펼 때에 내가 눈을 가리우고 너희가 많이 기도할지라도 내가 듣지 아니하리니"(사 1:11-13, 15).

오늘날 많은 교회들이 외형적인 크기를 성공의 주된 척도로 생각하지만, 주님은 이사야 시대에 성전에 가득한 무리들을 기뻐하지 않으셨다. 드와이트 무디는 "개심한 사람들은 수를 헤아리기보다 무게를 따져봐야 한다"고 말한다. 주님이 성전의 회중으로 모인 사람들의 무게를 재어보자 그들에게서 부족함이 발견되었다. 그들이 기도하며 경건하게 펴든 손은 그들에게 얼마 안 되는 소유를 빼앗기고 정당치 못한 대접을 받았던 힘없는 고아와 과부의 피로 얼룩져 있었다(사 1:18-23).

기도의 응답을 가로막는 네 가지의 큰 장애물이 있다. '불신, 의지적인 불순종, 하나님 말씀에 대한 무시, 종교의 가면을 쓴 위선'이 그것이다.

이런 장애물은 오늘날 우리에게도 상당히 많이 존재한다.

17
다른 사람들과의 관계도 중요하다

다른 사람들과 교제하지 않으면서 동시에 하나님과 만족스런 교제를 즐기는 것은 불가능하다. 바울은 이렇게 기록했다. "할 수 있거든 너희로서는 모든 사람으로 더불어 평화하라"(롬 12:18).

분명 이 문제는 가정에서 시작된다.

베드로전서 3장 1-7절에서 남편과 아내들에 대한 베드로의 권면은 이렇게 끝난다. "남편 된 자들아 이와 같이 지식을 따라 너희 아내와 동거하고 저는 더 연약한 그릇이요 또 생명의 은혜를 유업으로 함께 받을 자로 알아 귀히 여기라 이는 너희 기도가 막히지 아니하게 하려 함이라"(3:7). 베드로는 그리스도인 가정의 남편과 아내들은 함께 기도하며, 하나님이 그들의 기도에 응답하시길 원한다는 가정 아래 결혼 생활의 불화에 대해 그들에게 경고했다.

그러나 하나님의 축복에 장애가 생겨나는 것은 단지 집안 가족들 사이에서만이 아니다. 교회 사람들과도 관계가 나빠질 수 있다. "서서 기도할 때에 아무에게나 혐의가 있거든 용서하라 그리하여야 하늘에 계신 너희 아버지도 너희 허물을 사하여 주시리라"(막 11:25)고 예수님은 말씀하셨다. 이 훈계는 주기도문의 다섯 번째 청원과도 연관된다. "우리가 우리에게 죄 지은 자를 사하여 준 것같이 우리 죄를 사하여 주옵시고"(마 6:12). 바울은 이렇게 기록했다. "각처에서 남자들이 분노와 다툼이 없이 거룩한 손을 들어 기도하기를 원하노라"(딤전 2:8).

1960년대로 거슬러 올라가면, 나는 당시 목회하던 교회에서 차로 두 시간 거리에 위치한 어떤 교회에서 사흘간 성경 컨퍼런스 진행 일정이 잡혀 있었다. 컨퍼런스의 첫 예배에 참석하기 위해 월요일 저녁에 거기 도착했을 때, 나는 그 교회의 담임 목사가 하루 전 예고도 없이 사임했으며, 회중의 지도자들은 분열되어 서로를 비난하기 시작했다는 걸 알고는 기가 막혔다. 성경 컨퍼런스의 시작 예배치고는 참 대단했다. 나는 성경에 나오는 세 번의 '정결'에 대한 언급, 즉 "나를 정결케 하소서"(시 51:7), "너희는 스스로 씻으며"(사 1:16), "서로 씻기는 것"(요 13:14)에 대해 설교할 계획이었다. 그 교회는 바로 이 말씀이 필요해보였다.

설교를 마칠 무렵 나는 이렇게 말했다. "아마 여기 계신 여러분 가운데 몇 분은 하나님의 정결케 하심이 필요하며, 스스로 씻을 필요도 있을 것입니다. 어쩌면 사과하고 누군가의 발을 씻겨야 할지도 모릅니다. 저를 만나고 싶은 분은 앞으로 나오시면 함께 기도하겠습니다. 하지만 아마 앞으로 나와 주님께 기도하기 전에 먼저 예배당을 가로질러 다른 사람에게 걸어가 얘기해야 할지도 모르겠습니다." 우리는 조용한 헌신 찬양을 부르고, 사람들은 움직이기 시작했다. 그들은 서둘러 달려가 친구를 포옹하며 그들이 말하고 행동한 것에 대해 용서를 구했다. 이제껏 그런 광경은 나도 본 적이 없었다.

> 가정과 교회에서의 개인적인 갈등은 기도 응답을 방해하는 심각한 장애물이 된다.

우리는 찬양기도 모임을 끝냈고, 주님은 상처를 치유하시며 사랑으로 그들의 마음을 채우셨다. 고백과 정결케 함이 먼저가 아니었다면 우리의 기도는 무익한 것이 되었을 것이다. 가정과 교회에서의 개인적인 갈등은 기도 응답을 방해하는 심각한 장애물이 되므로 꼭 다뤄져야 할 부분이다. "누구든지 하나님을 사랑하노라 하고 그 형제를 미워하면 이는 거짓말하는 자니 보는 바 그 형제를 사랑치 아니하는 자가 보지 못 하는 바 하나님을 사랑할 수가 없느니라"(요일 4:20).

18
종교적 정신분열증

요한일서 1장 5-10절의 말씀을 생각해보라.

"우리가 저에게서 듣고 너희에게 전하는 소식이 이것이니 곧 하나님은 빛이시라 그에게는 어두움이 조금도 없으시니라 만일 우리가 하나님과 사귐이 있다 하고 어두운 가운데 행하면 거짓말을 하고 진리를 행치 아니함이거니와 저가 빛 가운데 계신 것같이 우리도 빛 가운데 행하면 우리가

서로 사귐이 있고 그 아들 예수의 피가 우리를 모든 죄에서 깨끗하게 하실 것이요
만일 우리가 죄 없다 하면 스스로 속이고 또 진리가 우리 속에 있지 아니할 것이요 만일 우리가 우리 죄를 자백하면 저는 미쁘시고 의로우사 우리 죄를 사하시며 모든 불의에서 우리를 깨끗케 하실 것이요 만일 우리가 범죄하지 아니하였다 하면 하나님을 거짓말하는 자로 만드는 것이니 또한 그의 말씀이 우리 속에 있지 아니하니라."

이 단락에서 '만일 우리가 …다 하면'이라는 표현은 6, 8, 10절 세 곳에서 발견되며, 이 말은 우리가 말하는 자신의 상태와 우리의 실제 상태 사이의 괴리를 나타낸다. 6절에서 우리는 하나님과의 사귐에 대해 다른 이들에게 거짓말하며, 8절에서는 우리의 죄에 대해 스스로를 속이고 양심을 편하게 하고자 하지만, 10절에 가서는 하나님께 거짓말한다. 다른 사람들에게 거짓말하는 것은 위선이요 자신을 속이는 것은 이중성이지만, 하나님께 거짓말하는 것은 공공연히 배반하는 행위다. 우리가 거짓말을 할수록 우리의 성품은 급속히 타락하고, 우리를 성실함으로 돌이키기 위해 하나님은 더 많이 우리를 다

루셔야 한다.

내가 여기서 초점을 맞추고 싶은 부분은 자신을 속이는 두 번째 주장이다. 이것은 악마의 아주 미묘한 도구다. 악마는 우리의 영적 상태가 실제로 건강하지 않을 때도 건강하다고 생각하게 만든다. 이것은 우리가 인생에서 매우 사소하다고 생각하는 부분에서 악마가 우리 자신을 속이도록 놔두는 것이다. 그렇게 되면 우리는 점차 진실로 중요한 것들에 대해서는 우리로 하여금 스스로를 속이도록 만드는 사탄의 농간을 그대로 허용하게 되는 것이다.

> 우리의 은밀한 죄에 대해 스스로를 속이면 우리는 자기 자신과 주님으로부터 모두 멀어지게 된다.

매일 성경을 읽고 기도하며 교회에 가고 헌금하며 훌륭한 그리스도인으로 해야 할 종교적 행동을 꾸준히 하고 있으면 우리는 안전하다고 생각한다. 그러나 이렇게 하는 동안에도 우리의 정신 생활은 점점 더 오염되고 은밀한 죄들이 늘어날 수 있다. 이사야 1장에서 묘사된 사람들처럼 우리는 종교적인 행습으로 우리의 죄를 가리려 들지만, 주님은 진실을 아신다.

우리의 은밀한 죄에 대해 스스로를 속이면 우리는 자기 자신과 주님으로부터 모두 멀어지게 되며, 우리 기도에 주님이 응답하시지 않으므로 시간만 흘러갈 뿐이다. 우리는 야고보가 말한 일종의 '종교적 정신분열증 환자'가 되어버린 것이다. "오직 믿음으로 구하고 조금도 의심하지 말라 의심하는 자는 마치 바람에 밀려 요동하는 바다 물결 같으니 이런 사람은 무엇이든지 주께 얻기를 생각하지 말라 두 마음을 품어 모든 일에 정함이 없는 자로다"(약 1:6-8).

부흥은 단순히 영적인 현실로 복귀하는 것이며, 거기에는 주님과 다른 사람들 그리고 우리 자신에게 정직해지는 것이 포함된다. 이는 우리 죄를 고백하고 어둠 속에서 빛으로 한 발짝 다가가는 것이다.

나는 한때 성경에 나오는 몇몇 응답되지 않은 기도를 바탕으로 라디오 설교를 한 적이 있다. 그 설교는 나중에 「당신의 기도가 응답받지 못하는 이유를 아십니까?(Famous Unanswered Prayers, 나침반 출판사)」라는 제목의 책으로 출판되었다. 하지만 방송도 책도 그다지 유명해지지 못했는데, 그것도 의문이다. 한 친구가 내게 말하길 사람들은 대체로 실패한 일은 듣기 싫어하며 성공한 얘기를 듣고 격려받고 싶어한다고 했다. 그때

나는 저명한 감리교 설교자 클로비스 샤펠(Clovis Chappell)이 「흔한 실패들(Familiar Failures)」이라는 책을 출판했던 것을 기억했다. 그 책도 내 책과 같은 운명을 겪었는데 그것도 같은 이유에서였다. 누가 실패에 대해 읽고 싶어하겠는가?

그러나 실패는 인생을 살다 보면 늘 일어나는 일로 대개 혹독하긴 하지만 진실한 교사이며, 이를 무시하면 더 큰 실패를 자초하게 된다. 실패의 긍정적 측면은 모든 과학자, 발명가, 기업가들이 입증하는 바다. 헨리 포드(Henry Ford)는 이를 '훨씬 현명하게 다시 시작할 수 있는 기회'라고 불렀다.

루시(Lucy)가 찰리 브라운(Chrlie Brown)에게 이런 말을 했다. "우리는 성공보다 실패를 통해 더 많은 것을 배우게 되지." 그러자 찰리는 이렇게 대답했다. "그럼 그걸로 난 이 세상에서 가장 똑똑한 사람이 될 수 있겠네!" 아마 루시가 "우리는 배울 수도 있지…"라고 말했어야 하지 않았나 싶다. 배움의 기회가 분명히 있긴 하지만, 그것은 우리가 원할 때만 가능하기 때문이다.

그리스도인으로서 우리는 실패처럼 보이는 것이 우리에게 더 나은 기회를 여는 주님의 방법임을 깨달아야 한다. 나는 셰릴 포브스(Cheryl Forbes)의 의견에 동감한다. "우리는 실패 속에서가 아니라 성공 속에서만 하나님을 발견하고자 하는데, 이것은 그들의 믿음 중심에 십자가를 지닌 사람들에게는 낯선 태도다." 만일 우리가 성경에서 응답되지 않은 기도들을 살펴보며 주님을 찾고 주님의 진리를 깨닫는다면, 우리의 탐색은 헛되지 않을 것이다.

19
파괴적인 추측

🌱 이스라엘의 경우 (신 1:26-46, 민 13-14장)

주님은 애굽에서 이스라엘을 구해내신 지 2년 후에 그들을 가나안으로 들어가는 관문인 가데스바네아로 인도하셨다. 그들이 주님께 믿음으로 순종하지 않고 그 땅에 들어가기를 거절했으므로 주님은 그들에게 38년간 장례 행진을 하도록 만드셨고, 여호수아와 갈렙을 제외한 스무 살 이상의 모든 사람은 그 와중에 다 죽고 말았다. 그 후에야 백성들은 이렇게 말했다. "우리가 주님께 죄를 지었습니다." 그들의 회개가 진실했는지는 의심스럽다.

예측할 수 있는 일이지만, 뒤이어 그들은 하나님의 허락이나 도움 없이 자기들만의 힘으로 그 땅에 들어가겠다고 결심했다. 물론 그들은 형편없이 패배했다. 모세가 그들에게 어리석게 행동하지 말라고 경고했지만, 그들은 들으려 하지 않았다. 이것이 모두 그들이 하나님에게서 벗어나 있다는 증거였다. 모세는 "너희가 돌아와서 여호와 앞에서 통곡하나 여호와께서 너희의 소리를 듣지 아니하시며 너희에게 귀를 기울이지 아니하셨으므로"(신 1:45)라고 말했다. 그들은 윌리엄 컬버트슨(William Culbertson)이 '용서받은 죄의 비극적 결과'라고 부른 것을 경험했던 것이다.

이스라엘은 '그래도'(민 14:44) 적을 향해 올라갔는데, 이런 주제넘은 죄는 정말 위험하다. 요한일서 5장 15-16절에는 이것을 '사망에 이르는 죄'라고 부르며, 민수기 15장 22-31절에는 하나님이 부지중에 지은 죄와 짐짓 지은 죄를 구별하신다고 가르친다. 부지중에 지은 죄는 희생물을 통해 용서를 받을 수 있지만, '뻔뻔한 죄인'에게는 합당한 희생이 없다. 하나님의 마음에 합한 사람, 다윗 왕은 간음과 살인을 저지르고서 주님께 아무런 희생도 바치지 않았으며, 대신 그는 주님의 자비에 자신을 던졌다(시 51:16-17).

하나님은 뻔뻔스럽게 그분을 무시하고 자기 마음대로 행하면서 한편으로 하나님이 자신의 일을 잘 해결해주시기를 바라는 이들의 기도는 응답하지 않으신다. 능력 있는 기도를 위한 처음 두 가지 조건이 확신으로 이끄는 믿음과 순종으로 이끄는 사랑인데 이스라엘은 둘 다 부족했다. 모세와 갈렙과 여호수아를 제외하고 이스라엘 백성들은 고집을 세우면서 하나님을 무시했고, 이 때문에 그들은 기업을 상속받을 특권을 잃어버렸다.

모세와 아론의 경우(신 1:37-38, 3:21-28, 4:21-22, 민 20:1-13)

이스라엘이 집단으로 저질렀던 일을 모세는 개인적으로 저질렀고, 그 결과 그는 가나안에 들어가지 못하게 되었다. 모세는 온유한 사람이었고(민 12:3), 한 사람의 지도자 이상이었던 그는 자신의 약점이 아니라 강점에서 그만 실패하고 말았다.

그는 평정을 잃고 백성들을 패역한 무리라고 부르며, 자신과 아론을 주님보다 높이고, 말로 명하는 대신 반석을 쳤다.

은혜로우신 하나님은 백성의 필요를 채우셔서 반석에서 물이 나게 하셨지만, 모세와 아론에게는 그들의 교만한 태도로 인해 가나안에 들어가는 특권을 잃어버렸다고 말씀하셨다. 대신 여호수아가 모세를 이어 백성을 약속의 땅으로 인도할 것이라고 말씀하셨다.

모세는 하나님이 마음을 바꾸셔서 자신을 그 땅에 들어가게 해달라고 기도했지만, 하나님은 그 기도를 들어주시지 않았다. 실제로 그분은 모세에게 더 이상 그 이야기는 하지 말라고 하셨다. 모세가 그 문제에 대해 자주 기도했다는 느낌이 들지만, 주님은 끝내 그에게 얘기하지 말라고 하셨다. 하나님은 모세가 죽기 전에 멀리서 약속의 땅을 바라볼 수 있게 하셨고 (신 34:1-4), 모세는 변화산에서 잠시 그 땅에 찾아왔다(마 17:1-3). 그러나 주제넘게 행동한 죄는 위대하고 경건한 지도자 모세의 인생에도 치명적인 결과를 가져왔다.

육의 죄와 영의 죄가 있다면(고후 7:1) 모세의 죄는 영의 죄였다. 그는 사람들에게 화가 나서 분을 내며 자신과 아론이 바위에서 물을 내게 하겠다고 말했다. 하나님의 영광을 빼앗은 모세와 아론은 약속의 땅에 들어가는 기쁨을 빼앗기고 말았다. 교묘한 영의 죄도 하나님 앞에서는 추잡한 육의 죄와 마찬가지로 사악한 것이며 막대한 희생을 치르게 된다.

엘리야의 경우 (왕상 19:1-14)

'여호와여 넉넉하오니' 라고 엘리야는 하나님께 말했다. "내 생명을 취하옵소서 나는 내 열조보다 낫지 못하니이다." 엘리야 선지자는 자기 자아는 추어올리면서도 문제를 해결하지는 못하는 '연민의 잔치'를 벌이고 있었다. 아니 오히려 문제를 악화시키기만 했다. 하지만 우리가 이 위대한 선지자를 너무 심하게 비판하기 전에 인생의 비참한 시간을 보낼 동안 우리도 마찬가지의 태도를 보이고 있지는 않은지 점검해봐야 한다.

엘리야가 정말 죽고 싶었다면 이세벨에 의해 그럴 기회는 충분히 주어졌을 것이다. 하지만 엘리야는 자신이 무슨 기도를 하는지 몰랐다. 그는 하늘에서 불이 내려오게 하고, 우상 숭배하는 선지자들을 물리치며, 오랜 가뭄 끝에 비가 내리도록 기도하는 대단히 힘든 사역을 막 마쳤던 터라, 지쳐 있는 데다 외롭고 정서적으로 고갈된 상태였다. 당신이 그런 감정에 빠질 때는 절대로 중요한 결정을 해서는 안 된다. 그렇게 한 결정은 분명히 잘못되기 십상이며 후회하게 될 가능성이 높다.

엘리야가 싸움터를 떠나 홀로 시내 산으로 향했을 때 그는 큰 실수를 했다. 이세벨의 위협을 두려워할 필요는 없었지만 하나님의 뜻에서 벗어난 것은 충분히 두려움의 이유가 되었다. 믿음의 사람들에게는 죄가 순교보다 훨씬 치명적이다. 사역을 하면서 그곳에 도달하기까지 엘리야는 하나님이 그에게 명령하실 때만 행동했다. '하나님의 말씀이 엘리야에게 임하는 것'이 곧 움직임의 신호였다(왕상 17:1-3, 8-9, 18:1). 하지만 이제 그는 믿음에 의해서가 아니라 눈에 보이는 대로 움직이고, 또한 하나님의 뜻에서 벗어나 있어서 그가 어떤 기도를 해야 할지 알 것이라고 기대하기는 무리였다. 그는 자기 감정만을 따랐고, 이 때문에 잘못된 길로 가고 있었다.

엘리야와 베드로는 둘 다 용감하면서도 자신의 가장 큰 강점에서 실패한 사람들이었다. 이세벨이 그를 위협했을 때 엘리야는 달아났으며, 베드로는 하녀가 묻자 기가 죽어 거짓말을 하고 말았다. 하지만 그들의 비극적인 실패의 한 요소는 바로 자만심이었다. 엘리야의 "나는 내 열조보다 낫지 못하니이다"라는 말은 모세나 산에서 죽었던 여호수아, 우상 숭배자들을 처단했던 기드온과 비교해서 엘리야 자신의 부족함을 발견했을지 모른다는 사실을 가리킨다. 사도 베드로는 다른 모든 제자들이 주님을 버릴지라도 자신은 끝까지 그리스도께 충성을 다하겠다고 호언장담했지만, 결국 약속을 지키지 못했다.

만일 하나님이 엘리야의 기도에 응답하셔서 그의 목숨을 취하시고 그의 시체가 동굴에서 썩도록 내버려두었다고 생각해보자. 그는 여전히 후계자를 지명해야 했으므로 아직 할 일이 남아 있었다. 그렇다면 그는 영광스런 병거를 타고 하늘로 올라갈 수 없었을 것이다. 물론 그의 기도는 이기적이지만, 외롭고 두려움과 실망만 키워가고 있을 때면 우리도 자주 그런 기도를 한다. 엘리야는 바알에게 무릎 꿇지 않은 칠천 명이나 선지자 학교의 생도들 몇몇과 함께 있어야 했다. 그들은 아마 그에게 용기를 주었을 것이다. 우리 주님조차 겟세마네에서 홀로 맞서지 않았으며, 자신의 제자들 가운데 세 사람과 함께 동행했다(막 14:32-42). "사

> "사람의 독처하는 것이 좋지 못하니" (창 2:18)라는 말씀은 결혼뿐 아니라 사역에도 적용되는 말이다.

람의 독처하는 것이 좋지 못하니"(창 2:18)라는 말씀은 결혼뿐 아니라 사역에도 적용되는 말이다. 예수님은 전도할 때 제자들을 둘씩 짝지어 보내셨다. 그래서 그들은 서로 격려하며 도와줄 수 있었다(막 6:7). 솔로몬 또한 "두 사람이 한 사람보다 낫다는 글을 썼다"(전 4:9-12).

야고보가 그의 독자들을 향해 감정에 관계없이 기도하고 하나님을 신뢰하기 원했을 때, 그는 엘리야를 생각해보라고 그들에게 충고했다. "의인의 간구는 역사하는 힘이 많으니라 엘리야는 우리와 성정이 같은 사람이로되"(약 5:16-17). 특히 '넉넉하오니'라고 말하고 싶은 인생의 어두운 시간을 지나고 있을 때 얼마나 큰 격려가 되는 말인가! 주님은 바로 이때 우리 곁에 다가오셔서 우리가 어려움에서 헤어나올 수 있게 하신다. "이는 저가 우리의 체질을 아시며 우리가 진토임을 기억"(시 103:14)하시기 때문이다.

모세와 엘리야는 둘 다 실망의 아픔과 응답 없는 기도의 질책을 경험했다. 하지만 두 사람 모두 변화산상에서 예수님의 영광을 함께 나눈다(마 17:1-3). 슬픔의 동굴이 아니라 영광의 산에 있던 엘리야를 기억하도록 하자. 죄가 더한 곳에 하나님의 영광이 더욱 넘쳐난다.

살로메, 야고보, 요한 (마 20:17-28)

살로메는 예수님의 사역에 함께 동행하며 '그분을 섬겼던' 여인들 가운데 한 사람으로 대다수의 성경학자들은 그녀가 세베대의 아내이자 야고보와 요한의 어머니라고 믿고 있다(마 27:56, 막 15:40-41, 16:1). 한 가지 확실한 것은 그녀가 자신의 두 아들에게 대단한 야망을 품고 있었다는 것이다. 하지만 예수님은 그녀의 기도에 응답하지 않으셨다.

> "그때에 세베대의 아들의 어미가 그 아들들을 데리고 예수께 와서 절하며 무엇을 구하니
> 예수께서 가라사대 무엇을 원하느뇨 가로되 이 나의 두 아들을 주의 나라에서 하나는 주의 우편에, 하나는 주의 좌편에 앉게 명하소서
> 예수께서 대답하여 가라사대 너희 구하는 것을 너희가 알지 못하는도다 나의 마시려는 잔을 너희가 마실 수 있느냐 저희가 말하되 할 수 있나이다
> 가라사대 너희가 과연 내 잔을 마시려니와 내 좌우편에 앉는 것은 나의 줄 것이 아니라 내 아버지께서 누구를 위하

응답 없는 기도 넘어서기

여 예비하셨든지 그들이 얻을 것이니라

열 제자가 듣고 그 두 형제에 대하여 분히 여기거늘 예수
께서 제자들을 불러다가 가라사대 이방인의 집권자들이 저
희를 임의로 주관하고 그 대인들이 저희에게 권세를 부리
는 줄을 너희가 알거니와 너희 중에는 그렇지 아니하니 너
희 중에 누구든지 크고자 하는 자는 너희를 섬기는 자가
되고 너희 중에 누구든지 으뜸이 되고자 하는 자는 너희
종이 되어야 하리라

인자가 온 것은 섬김을 받으려 함이 아니라 도리어 섬기려
하고 자기 목숨을 많은 사람의 대속물로 주려 함이니라"(마
20:20-28).

야고보와 요한에게는 기도 응답을 얻는 기본 법칙에 따라
기도해주는 어머니가 있었다. 우선 그녀는 겸손히 예수님께
나아와 그분의 발밑에 무릎을 꿇고 단순하고 구체적으로 요청
하는 바른 자세가 있었다. 존 칼빈(John Calvin)은 「기독교 강요
(The Institutes of Christian Religion)」에서 기도 부분에 대해 탁월하
게 다뤘는데, 기도의 첫 번째 법칙으로 든 것이 경외감이었다.
이것이 바로 살로메가 따랐던 법칙이다. 두 번째로 기도는 주

님의 약속을 받는 것과 관련 있기 때문에 그녀는 약속을 해달라고 했다. 예수님은 이미 사도들이 주님과 함께 보좌에 앉을 것이라고 말씀하신 바 있다(마 19:28). 세 번째로 그녀는 대단한 믿음을 드러내보였다. 예수님이 방금 십자가형을 선고받고 죽게 될 것이라고 발표하셨기 때문이다(마 20:17-19). 왜 그녀는 그분이 장차 십자가를 지셔야 할 순간에 보좌에 앉게 해달라고 요청한 것일까? 마지막으로 살로메와 그녀의 두 아들은 합심하여 이 요청에 동의했다. 예수님은 일찍이 이런 함께하는 기도에 응답하겠다고 약속하셨다(마 18:19).

오늘날의 사회는 '성공을 향한 일곱 단계'가 실린 '실용' 서적들에 관심이 집중되어 있으며, 불행히도 이런 병폐가 교회까지 스며들어왔다. 왜 열 단계가 아니라 일곱 단계인가? 성경의 어떤 본문들이 이런 저자들에게 숫자를 분명하게 언급할 수 있는 기본 단서를 주는 것일까? 내가 아는 한 복음적인 출판사는 완벽하게 멋진 제목을 숫자가 든 것으로 바꿨는데, 그 이유는 마케팅 부서 사람들이 '요즘 사람들은 측정할 수 있는 것을 좋아하기 때문에 숫자가 관건'이라고 말했기 때문이다. '그리스도의 장성한 분량이 충만한 데 이르는' 과정에서 무슨 변화가 일어난 것인가?

살로메는 성공적인 기도를 위한 공인된 법칙에 따랐지만, 주님은 여전히 그녀가 구했던 것을 주지 않으셨다. 이유가 무엇인가? 그것은 그녀가 이런 법칙들을 예수님이 관계로 시작되는 주기도문에서 가르치신 내용과 견주어보아야 한다는 사실을 잊어버렸기 때문이다. 이런 이기적인 기도는 하나님의 가족을 분열시키므로 다른 사도들은 당연히 분개했다.

야고보서 4장은 몇몇 그리스도인은 왜 다른 신자들과 사이가 좋지 못한가를 설명하는 성경의 '싸움 장'으로, 그 근본 원인 가운데 하나를 3절에서 지적하고 있다. "구하여도 받지 못함은 정욕으로 쓰려고 잘못 구함이니라." 살로메는 그의 아들들이 보좌를 받을 자격이 있다고 확신했지만, 그것은 그녀가 다른 사도들에 대해서는 그만큼 마음을 쓰지 못했고, 어떤 사도들은 더욱 그 보좌에 앉을 자격이 있을지도 모른다는 생각을 하지 못했다는 뜻이 된다.

기도의 동기라는 개념은 주기도문에 나오는 관계에서 의무로 우리를 옮겨가게 한다. 살로메의 청원은 하나님의 이름을 영화롭게 하는가? 아마 아닐 것이다. 그녀의 기도가 그리스도의 왕국의 도래를 앞당기는 데 도움이 되는가? 아니다. 그것이 이 땅에 하나님의 뜻을 이루는 데 유익한가? 예수님의 말씀에 따르면 그렇지 않다. 살로메와 그녀의 아들들이 주기도문이라는 창을 통해 자신들의 기도를 점검했다면 결코 주님께 맨 먼저 그 문제를 가져가지는 않았을 것이다. 기도는 법칙을 따르는 것보다 훨씬 많은 것을 뜻하며, 관계를 존중하고 의무를 받아들인다는 뜻도 있다.

기도는 주는 것과 관계가 있으며, 단지 받기만 하는 것은 아니다. 값싼 기도 응답은 정말 받을 만한 가치가 없다. 예수님은 보좌에 앉으시기 위해 고통당하고 죽으셔야 했지만, 야고보와 요한은 아무런 대가를 치르지 않고 보좌를 얻고자 했다. "너희 구하는 것을 너희가 알지 못하는도다"라고 주님은 그들에게 말씀하셨다. "너희가 나의 마시는 잔을 마시며 나의 받는 세례를 받을 수 있느냐?" 그들의 대답은 늘 우리를 놀라게 했다. "할 수 있나이다"(막 10:38-39). 그들은 자신이 구하는 것을 알지 못했을 뿐 아니라 자신의 마음도 몰랐다. 그들은 고통당하실 때도 예수님을 따를 수 있다고 생각했지만, 정작 위기가 닥치자 그들은 예수님을 버리고 다른 제자들처럼 도망가 버렸다.

기도는 은혜로 얻은 특권이며, 하나님이 주시는 응답은 거저 받은 선물이지만 그럼에도 치러야 할 대가가 있다. 에베소서 3장 14-21절에 기록된 바울의 기도를 생각할 때 여기에 대해 얘기할 것이 더 많지만, 지금 내가 강조하고 싶은 점은 바로 이것이다. 우리는 기도하기 위해서만이 아니라 하나님이 보내신 응답을 받아들일 준비를 하고 그분을 영화롭게 하기 위해 이를 사용해야 한다. 야고보와 요한은 자신들이 영광의 자리에 앉을 것이라는 확신은 받지 못했지만 잔을 받고 세례를 받을 것이라는 확신은 있었다. 야고보는 순교당한 첫 번째 사도가 되었다(행 12:1-2). 요한은 가장 마지막으로 죽었지만, 그는 죽기 전에 그리스도의 이름으로 박해를 받고 유배 생활을 했다.

우리가 이미 그리스도 예수 안에서 함께 하늘에 앉았는데(엡 2:6), 따로 하나님께 보좌를 구해야 할 필요가 있겠는가? 나아가 기도는 이 땅에 있는 우리의 왕좌요, '은혜의 보좌'(히 4:14-16)다. 그리스도께서 왕 노릇하시므로 하나님이 왕 노릇하시며, 우리도 그분을 통해 '삶에서 왕 노릇' 하는 특권을 누린다(롬 5:17). 야고보와 요한은 장차 임할 왕국에서 영광의 자리에 앉기를 원했지만, 우리는 지금도 그리스도와 함께 앉으며, 은혜의 보좌에 나아갈 특권을 받고 예수의 이름으로 승리하는 자로서 삶을 주관하기에 더 큰 영광을 누리고 있다.

마지막으로 우리가 보좌를 받을 자격이 있으며 그 대가를 치를 준비가 되어 있다고 예수님께 말씀 드리는 것은 위험한 일이다. 야고보는 그 잔을 마셨다. 요한은 모든 사도들보다 오래 살았으며 나이 들어 밧모 섬으로 유배되었을 때(계 1:9) 시련이 무엇인지를 경험했다. 심지어 예수 그리스도조차도 먼저 십자가가 있은 뒤 면류관이 뒤따르며, 고통을 겪은 후에 영광이 있는데 누가 하나님의 질서를 역행할 수 있겠는가? 기도로 말하면 우리는 하나님께 바라는 것을 구하지만 그 대가를 치를 준비도 하고 있어야 한다. 다음 장에서 이것에 대해 좀더 언급하기로 하겠다.

성경에는 경이로운 기도 응답들이 많이 기록되어 있으므로 응답되지 않는 기도가 조금 있다고 해서 우리를 낙담시키지는 못한다. 만일 응답받지 못한 기도가 있다면 그것은 우리의 마음과 기도를 점검해보고 우리가 하나님 뜻대로 간구하고 있는지 확신하도록 우리를 격려하는 역할을 한다.

넷.

기도 돌아보기

하나님이여 나를 살피사 내 마음을 아시며 나를 시험하사 내 뜻을 아옵소서 내게 무슨 악한 행위가 있나 보시고 나를 영원한 길로 인도하소서
- 시편 139:23-24

너희가 믿음에 있는가 너희 자신을 시험하고 너희 자신을 확증하라
- 고린도후서 13:5

시험받지 않은 그리스도인은 그냥 내버려둔 정원과 같다. 당신의 정원을 몇 달 동안 그냥 내버려둔다면 장미와 토마토 대신 잡초만 무성해질 것이다… 여기에는 시험과 가르침, 교훈, 징계, 보살핌, 재배, 잡초 뽑기, 생명을 제대로 가꾸기 위해 경작하는 손길이 필요하다.
- **A. W. 토저**(A. W. Tozer),
 「**관습, 부패, 부흥**(Rut, Rot or Revival)」

만일 내가 될 수도 없고, 하려고 생각해보지도 않은 것을 다른 누군가가 그렇게 되거나 하게 해달라고 기도할 때면 내 기도는 무력해지곤 한다.
- **오스왈드 챔버스**(Oswald Chambers),
 「**진정한 제자**(Disciples Indeed)」

20
기도 생활 목록 만들기

소크라테스(Socrates)의 마지막 순간들을 기록하면서 플라톤(Platon)은 그의 책 「변명(Apology)」에서 이 위대한 철학자가 "시험하지 않는 인생은 살아갈 가치가 없다"는 말을 했다고 우리에게 전한다. 소크라테스가 옳다. 지나치게 샅샅이 파고들면 절망에 이를 수도 있고 건성으로 시험하면 잘못된 확신을 불러올 수도 있지만, 우리가 배운 대로 행한다면 정직한 평가는 우리 자신을 더 나은 사람이 되게 할 수 있다.

우리가 하나님의 말씀이라는 거울을 통해 성령의 세밀한 점검을 받게 되면 하나님을 아는 지식과 나를 아는 지식 안에 성장하며 겸손과 정직, 성실을 계발하게 된다. 꾸며낸 몽상의 세계에서 사는 것은 재난을 자초하는 일이다. 그래서 다윗은 "하나님이여 나를 살피사"(시 139:23)라고 기도했다. 하나님의 방법은 부드럽고 그분의 진단은 정확하므로 우리는 두려워할 필요가 없다. 그분의 시험은 부검이 아니라 엑스선 검사와 같다.

어떤 의미에서 시험 없는 인생이 살아갈 가치가 없는 것처럼 시험 없는 기도 생활 역시 계속할 가치가 없다. '매일 틀에 박힌 묵상의 과정'을 따르는 것은 쉽지만 진정으로 기도하기란 쉽지 않다. 우리는 정해진 성경 구절을 읽고 우리의 기도 달력을 따르지만, 날마다 무의식적으로 정신의 '재생' 버튼을 누르고 우리가 늘 기도하는 방식으로 기도한다. 다 끝나고 나면 우리는 매일의 '기도 시간'을 충실히 지켰음을 스스로 자축하지만 지속적인 영적 유익을 얻지는 못했다.

성경에 기록된 기도, 특히 바울의 옥중 기도를 묵상하면 자기 자신의 기도를 시험해보는 것이 유익하라는 것을 발견할 수 있다(엡 1:15-23, 3:14-21, 빌 1:9-11, 골 1:9-12). 에베소서 3장 14-

21절에 나오는 바울의 두 번째 기도는 우리의 기도 생활에 대한 몇 가지 개인적인 질문을 던지게 한다.

> "이러하므로 내가 하늘과 땅에 있는 각 족속에게 이름을 주신 아버지 앞에 무릎을 꿇고 비노니 그 영광의 풍성을 따라 그의 성령으로 말미암아 너희 속사람을 능력으로 강건하게 하옵시며 믿음으로 말미암아 그리스도께서 너희 마음에 계시게 하옵시고 너희가 사랑 가운데서 뿌리가 박히고 터가 굳어져서 능히 모든 성도와 함께 지식에 넘치는 그리스도의 사랑을 알아 그 넓이와 길이와 높이와 깊이가 어떠함을 깨달아 하나님의 모든 충만하신 것으로 너희에게 충만하게 하시기를 구하노라
>
> 우리 가운데서 역사하시는 능력대로 우리의 온갖 구하는 것이나 생각하는 것에 더 넘치도록 능히 하실 이에게 교회 안에서와 그리스도 예수 안에서 영광이 대대로 영원 무궁하기를 원하노라 아멘."

나는 기도하는가?

바울은 기도의 사람이었다. 아직 개종하기 전 바리새인일 때 그는 분명 전통적인 유대식 기도를 했으며, 진정한 그리스도인으로서의 삶은 사흘간의 금식과 기도로 시작되었다(행 9:9, 11). 그는 당황하지 않고 친구에게 자신을 위해 기도해달라고 했으며(롬 15:30, 엡 6:19, 골 4:3, 살전 5:25, 살후 3:1), 그는 신실하게 그들을 위해 기도했다(롬 1:8-10, 엡 1:15-23, 3:14-21, 빌 1:4, 9-11, 골 1:3, 9-12, 살전 1:3, 살후 1:11, 딤후 1:3). 바울에게 기도는 그냥 중요한 것 정도가 아니라 결코 없어서는 안 될 것이었다.

바울은 기도는 사치가 아니라 필수이며, 기도하지 않는 그리스도인은 점차 능력과 영적 지각을 잃고 결국에는 힘이 약해지고 실패한다는 것을 알았다. 예수님은 그의 제자들에게 '항상 기도하고 낙망치 말아야 될 것'(눅 18:1)을 말씀하셨다. '낙망'으로 번역된 단어는 '지치고 악에 굴복하며 겁쟁이가 된다'는 뜻이다. 기도가 없는 그리스도인은 주님의 일을 하다 지칠 뿐 아니라 주님의 일에 싫증이 나 마침내는 그만두게 된다. 그들은 유혹에 넘어가며, 증거할 기회가 있어도 침묵하는 것이 쉽다는 것을 알게 된다. 그것은 그다지 좋은 모습이 아니다.

"하지만 난 하루 종일 기도합니다!" 어떤 사람들은 이렇게 주장한다. "매일 한 번씩 굳이 시간을 내서 하나님의 말씀과 기도에 집중해야 할 필요는 사실 없잖아요." 이런 것들은 모든 것을 빠르게 처리하는 사실에 으쓱해진 패스트푸드 사회의 기만적 영향이다.

당신은 정말 "하루 종일 기도하는가?" 정말 그렇다면, 계속하라. 하지만 밤에 잠들 때 아이의 볼에 잠깐 뽀뽀해주는 것이 더 오랜 시간 제대로 함께 보내는 시간을 대신할 수 없다. 마찬가지로 "쉬지 말고 기도하라"(살전 5:17)는 얘기가 정해진 기도의 시간을 없애지는 않는다. 당신은 밤새도록 기도하거나 혹은 한 시간이라도 기도해본 적이 있는가? "네가 한시 동안도 깨어 있을 수 없더냐?"라고 예수님은 제자들에게 물으셨다. "시험에 들지 않게 깨어 있어 기도하라"(막 14:37-38). 느헤미야는 자주 하늘을 향해 급한 기도를 드렸지만, 또 엎드려 울며 주님께 도와달라고 부르짖을 줄도 알았다(느 1장).

기도가 당신의 일상 생활에서 중요한 부분이 아니라면, 주님께 이 사실을 고백하고 매일 따로 기도할 시간을 떼어놓을 수 있게 도와달라고 간구하라. 지금 그렇게 하라!

나는 왜 기도하는가?

사람들은 선하거나 나쁜 여러 가지 기도의 동기를 가진다. 누군가가 길게 기도하면 그것을 보고 들은 사람들이 그들의 경건함을 찬양한다(마 6:5). 예수님은 이런 것을 경건이 아니라 위선이라고 부르셨다. 찰스 스펄전은 "어떤 사람들은 기도할 때 성장하지만, 어떤 이들은 그냥 부풀어오른다." 그는 또한 목회자 학생들에게 공석에서 오래 기도한다는 것은 보통 사적으로는 더 짧게 기도한다는 의미라고 말했다. 예수님은 사람들을 우리의 기도로 감동시키려고 십자가에서 돌아가신 것이 아니다.

또한 하나님께 그저 뭔가를 얻어내려고 기도하는 사람들이 있다. 그들의 기도 목록은 특히 위급한 일이 있을 때 '원하는 물건 목록'일 뿐이다. 혹독한 폭풍이 지나간 후에 플로리다 마을에 사는 한 무리의 이웃들이 엉망이 된 잔해를 치우고 있는데 한 남자가 말했다. "어젯밤 내가 정말로 기도했다는 걸 인정한다고 해도 창피하진 않아." 그들 가운데 독실한 크리스천이 자기 아내에게 이렇게 말했다. "내 장담하지만 주님은 어젯밤에 생소한 목소리를 많이 들으셨을걸!" 그렇다, 기도는 하나님이 그분의 자녀들이 필요한 것을 받는 방법으로 정하신 것이지만, 기도에는 주님께 '원하는 목록'을 가져오는 것 이상의 많은 무언가가 있다.

바울은 왜 기도하고 있는가? 에베소서 3장 14절에 나오는 '이러하므로'라는 구절은 그 장의 첫 번째 구절로 돌아가게 하는데, 거기도 '이러하므로'(3:1)라는 말이 나온다. 이 구절은 2장 마지막, 교회의 건물(2:9-11)에서 그가 강조한 부분을 가리킨다. 여기서 로버트 로(Robert Law)의 현명한 조언을 다시 들어보자. 기도의 목적은 인간의 뜻을 하늘에서 이루는 것이 아니라 하나님의 뜻이 땅에서 이루어지게 하는 것이다. 예수님은 "내가… 내 교회를 세우리니"(마 16:18)라고 하셨으며, 기도하는 이유 가운데 하나는 하나님이 우리 안에서 우리를 통해 일하심으로 예수님으로 하여금 그분의 교회를 세우도록 돕는 것이다.

에베소서는 분명히 예수 그리스도의 교회에 대한 진리를 가득 담고 있다. 바울은 교회를 몸(1:23, 2:16, 3:6, 4:4, 12, 16, 25, 5:23, 30), 건물(2:21), 신부(5:22-23), 가족(3:15), 군대(6:10-18)로 묘사했다. 내가 기도할 때, 나는 자신에게 이렇게 물어야 한다. "만일 하나님이 이 간구를 허락하신다면, 이것은 이 땅에 교회를 세우는 데 유익한가? 이 기도가 몸을 강하게 하고 자라게 하는가? 이것이 그리스도를 향한 우리의 사랑을 깊게 하는가? 이것이 교회 가족 안에 있는 우리가 모두 예수님을 닮아가게 하는가? 이는 하나님의 군대가 악의 세력에 대항해서 싸우도록 무장시키는 데 도움이 되는가? 나는 오직 내 필요와 내가 몸담은 공동체의 필요만을 위해 기도하는가, 아니면 온 세계에 있는 하나님의 사람들을 생각하는가?" 바울은 '건물마다' (2:21), '각 족속' (3:14), '지체' (4:25)에 대해 썼다. 이것이 우리가 간구하는 목적인가? 아니라면 우리는 왜 기도하는가?

나는 어떻게 기도하는가?

우리는 바울이 에베소 교회에 쓴 편지에서 네 가지 '영적 자세'를 발견한다. 그리스도 예수 안에서 함께 하늘에 앉고 (2:6), 아버지 앞에 무릎을 꿇고 빌며(3:15), 매일 그리스도 안에서 행하며(4:1, 17, 5:2, 8, 15 KJV, NKJV, NASB 성경은 '걸어감, walking' 대신 '삶, living'이라는 단어를 쓴다), 적의 궤계를 대적하기 위해 그리스도 안에 서는 것이다. 천국에서 그리스도와 함께할 우리의 위치를 깨닫고 인정하는 것이 땅에서의 우리의 습관을 결정한다.

텔레비전으로 방송된 미국 상원 청문회를 지켜보면서 나는 고 허버트 험프리(Hubert Humphrey) 의원이 말하는 것을 들었다. "여기 워싱턴에서는 당신이 앉은 자리가 당신이 선 방법을 결정합니다." 부지중에 험프리 씨는 심오한 영적 진리를 말했다. 만일 그리스도 안에 우리가 누려야 할 영광스런 자리를 믿음으로 바라본다면, 우리의 행보와 서 있는 자리는 마땅히 있어야 할 자리가 될 것이다. 하지만 천국에서 나의 위치와 지상에서 나의 습관의 연결고리는 하나님 앞에서의 기도 무릎이다.

이 말은 무릎 꿇는 것이 기도의 유일한 자세란 뜻은 아니다. 아브라함은 주님 앞에 서서 소돔을 위해 중재했으며(창 18:22), 솔로몬이 성전을 봉헌했을 때 그는 서서 기도함으로 시작했고 마지막에 무릎을 꿇었다(왕상 8:22, 54). 에스라와 다니엘은 기도할 때 무릎을 꿇었지만(스 9:5, 단 6:10), 다윗은 '여호와 앞에 들어가 앉았다'(삼하 7:18). 베드로와 바울은 둘 다 기도할 때 무릎을 꿇었다(행 9:40, 20:36, 21:5). 동산에서 예수님은 무릎을 꿇고 얼굴을 땅에 대시고 엎드려 기도하셨다(눅 22:41, 마 26:39). 우리가 주님께 완전히 굴복하고 그분께 복종하는 데 있어 중요한 것은 바로 마음의 자세다.

바울은 어떻게 기도했는가? 그는 아버지의 뜻에 복종하는 하나님의 자녀요 주인의 명령을 기다리는 하나님의 종으로 기도했다. 당시 그는 로마의 감옥에 있는 죄수였지만, 자신을 '주 안에서 갇힌'(엡 4:1) 자라고 표현했다. 우리에게 주님은 완벽한 본이 되신다. 주님은 "이 잔을 내게서 옮기시옵소서 그러나 나의 원대로 마옵시고 아버지의 원대로 하옵소서"(막 14:36)라고 기도하지 않으셨는가. 우리에게 이렇게 복종하는 자세가 있을 때 주님은 우리의 필요를 채워주실 것이다.

나는 무엇을 위해 기도하는가?

바울은 에베소의 성도들을 위해 기도할 때(엡 3장) 하나님 아버지께 네 가지를 간구했다. 우리도 자신과 다른 사람들을 위해 기도할 때 이것을 간구해야 한다.

영적 강건함(엡 3:16)
여기서 중요한 것은 영적 강건함이다. 속사람에게도 겉사람의 육체적 필요와 병행하는 영적 필요가 있다. 우리가 기도할 때 성령은 그리스도 안에서 누리는 '영광의 풍성'을 따라 이런 필요를 충족시킨다. 몸에는 음식이 필요하고 속사람도 음식, 즉 우리를 윤택하게 하는 하나님의 말씀(마 4:4)을 필요로 한다. 신자들은 운동선수들이 자신이 선택한 종목의 기술을 연마하듯 스스로 경건을 훈련할 필요가 있다(딤전 4:7-8). 적절한 음식 섭취와 운동이 없으면, 어떤 운동선수도 경쟁에서 성공할 수 없다.

예수님은 제자들에게 경고하셨다. "마음에는 원이로되 육신이 약하도다"(마 26:41). 베드로는 자기가 적과 맞설 만큼 강하다고 생각하며 주님을 버리지 않겠다고 자랑했지만, 선한 의도에도 불구하고 그는 비참하게 실패하고 말았다. 만일 우리가 '성령으로 말미암아 강건하게 될 능력'(엡 3:16)을 위해 기도하지 않는다면 우리도 그럴 것이다.

영적 깊이(엡 3:17)

우리는 연약함의 문제뿐 아니라, 지식이나 생각이 얕은 문제도 안고 있다. 영적 깊이는 오늘날 교회에서 크게 필요한 것 가운데 하나다. 설교자들과 교사들이 잠언 2장 1-8절 말씀에 순종하여 숨겨진 보물을 발굴하는 데 실패하는 까닭에, 지나치게 많은 교훈과 설교들이 단지 표면만 건드리고 있다. 예배하는 교회들을 보면, 우리는 유치원 아이들이 어린애들의 동작을 끝없이 반복하며 자기들끼리 즐거워하는 모습을 떠올리게 된다. A. W. 토저(A. W. Tozer)는 사람들이 '더 깊은 삶'이라 부르는 것이 그렇게 보이는 것은 오로지 평균적 그리스도인의 삶이 그만큼 경박하기 때문이라고 말했다(「더 깊은 삶을 향한 열쇠(Keys to the Deeper Life)」). 그 말이 옳다.

나는 밴스 하브너(Vance Havner)가 만일 평균적인 보통 교회에서 한 사람이 누군가와 영적 교제를 가지고 싶다면, 퇴보해야 할 것이라고 말하는 것을 들었다. 예수 그리스도의 교회는 깊은 데를 향해 출발해야 하고(눅 5:4) 깊이 파야 한다(눅 6:48). 하지만 대부분의 사람들은 얕은 웅덩이에서 철벙거리며 움직이는 모래 위에 그들 인생의 기초를 놓는 것을 더 좋아한다.

바울은 자신의 기도에서 깊이를 말하는 세 가지 단어, 즉 계시고, 뿌리를 박고, 터가 굳어진다는 단어를 사용했다. '계시다'로 번역되는 단어는 '정착해서 마음이 편하다'는 뜻이다. 예수님은 우리 삶의 손님이 아니시다. 그분은 집의 주인이시다. 창세기 18장을 보면 예수님이 아브라함을 찾아오셨을 때 아브라함의 집에서 함께 시간을 보내셨다. 그렇지만 소돔에 있는 롯을 방문할 때는 두 명의 천사를 보내셨음을 주목해 보는 것도 흥미롭다. 예수님은 소돔에서 롯과 그 가족들과 있을 때는 '편하지' 않으셨던 것 같다. 그분은 우리 마음에 계시면서 편하실까? 그분은 요한복음 14장 21-24절에서 약속하신 대로 우리 안에 오셔서 거처를 함께하시며 우리와 사랑을 나누실 수 있을까? 이것이 예수님이 말씀하신 '더 깊은 삶'의 뜻이다.

바울이 '뿌리를 박는다'는 단어를 사용했는데, 이 단어는 땅에 깊이 뿌리를 내려 양분을 빨아들이며 어떤 폭풍에도 흔들림 없이 꿋꿋하게 선 나무의 모습을 말한다. 원래 본문의 의미는 '굳게 뿌리를 내렸다'는 뜻이다. 예수님이 얕은 마음을 지닌 사람들에 대해 말씀하신 부분은 오늘날 그리스도인이라 고백하는 많은 사람들에게 적용된다. 그들은 뿌리가 없다(막 4:16-17). 시련의 햇살이 자칫 신자들에게 내리쬐면 이들은 전혀 뿌리 체계가 없어 말라 죽게 될 것이다.

'터가 굳어진다'는 표현은 건물의 토대를 놓는 것을 의미하는 건축 용어다. 토대는 곧 건물의 크기와 모양, 내구성, 안정성을 결정하는 것이므로 건물 구조의 가장 중요한 부분이다.

어떤 건축가는 "더 깊이 내려가지 않으면, 높이 올라갈 수도 없다"고 했는데, 내가 들어본 것 중에서 한 문장으로 된 설교가 있다면 바로 이것일 것이다. 우리는 훈련되고, 신실한 기도를 함으로써 영적인 강건함과 깊이를 얻을 수 있게 된다.

영적 관점(엡 3:18-19)

많은 신실한 신자들이 연약하고, 성경에 대한 지식이나 생각이 얕으며, 속이 좁은 편협함 때문에 고통받는다. 하나님의 사랑에 대해 충분히 광대하게 인식하고 있지 못하다. 우리는 대부분 우리 자신, 우리 가족과 친구, 우리 교회를 위해서 기도하는 데는 별 어려움을 느끼지 않는다. 그렇지만 '모든 성도들'의 의미와 하나님 사랑의 광대한 차원을 아울러야 하는 상황에 이르면 우리는 어쩔 줄을 모른다. 예수님이 사람들을 바라보신 눈으로 그들을 보기 위해 필요한 관점이 우리에게는 부족하다. 그들은 간절하게 추수를 기다리는 많은 곡식이나 괴롭힘을 당하고 힘이 빠져 거짓 목자들에 의해 도살장으로 끌려가는 양 같다(마 9:36-38).

만일 우리의 영적 뿌리가 하나님 사랑 안에 깊게 박혀 있고 우리의 토대가 동일한 사랑에 기초한다면, 우리는 하나님의 광대한 사랑을 '이해하고 파악하는 능력'을 지니게 될 것이다. 이때 우리의 시각은 넓어지며, 잃어버린 세대를 구하고 세계 곳곳에 교회를 세우기 위해 할 수 있는 모든 일을 하게 될 것이다.

영적 충만함(엡 3:19)

연약함, 얕음, 편협함 그리고 공허함이 문제다. 교회 건물이 비어서 공허한 것을 말하는 게 아니다. 물론 그런 경우도 많지만, 여기서는 예수 그리스도를 안다고 고백하는 사람들의 공허한 삶을 말하는 것이다. 성경에서 '충만하다'는 것은 '깨어 있다'는 뜻이다. '성령의 충만'(엡 5:18)을 받으라는 것은 '성령으로 깨어 있으라'는 뜻이며 "하나님의 모든 충만한 분량까지 채운다"는 것은 "우리 인생에서 하나님의 넘쳐흐르는 능력으로 살아간다"는 뜻이다. 물러나지 말고 흘러넘쳐라!

아마 가라앉은 배를 만의 밑바닥에서 인양해 해변까지 끌어오는 임무를 수행한 남자에 대해 들어보았을 것이다. 보트의 무게와 물의 압력 그리고 바다 밑바닥에서 끌어당기는 힘 때문에 임무를 완수하기는 정말 힘들었지만 그는 문제를 해결했다. 그는 썰물 때 배 주위에 사슬을 걸어 배를 커다란 거룻

배에 가까이 연결했다. 그러고 조수가 밀려들기를 기다렸다. 밀물이 되어 거룻배가 떠오르자 자연스럽게 모든 걸림돌이 해결되고 배는 바다 밑바닥에서 떠올랐다. 일단 배가 물 위에 뜨고 나니 해안까지 끌어오는 것도 가능했다.

이런 경이로운 '하나님의 충만하심'의 경험은 그분의 사랑의 충만함으로 시작된다. 우리는 하나님이 사랑하시는 만큼 사랑할 수는 없지만, '우리에게 주신 성령으로 말미암아 하나님의 사랑을 우리 마음에 부어주셨으므로'(롬 5:5) 우리는 그 사랑으로 깨어 움직일 수 있다. 사랑은 첫 번째 '성령의 열매'로 '희락, 화평, 오래 참음, 자비, 양선, 충성, 온유와 절제'(갈 5:22-23)가 뒤따르며, 이 모든 열매가 사랑의 표현(고전 13:4-7)이다. 열매는 생명에서 오며, 씨 안에 더 많은 열매를 담고 있다.

이제 우리의 기도 생활을 돌아보며 가장 어려운 문제를 생각해보자.

나는 기꺼이 응답의 일부가 되어 순종하려 하는가?

바울은 하나님의 능력과 영광을 강조하는 감사로 기도를 끝낸다. 무한하신 하나님은 우리가 기대치 못한 불가능한 일을 함으로써 영광 받으시기 때문에 우리가 기도하거나 계획하는 것보다 훨씬 많은 것을 하실 수 있다. 하지만 이 감사 기도의 중심부에는 '우리 가운데서 역사하시는 능력대로'(엡 3:20)라는 말이 있다. 하나님은 종종 그분 백성들의 도움 없이도 기도에 응답하시지만, 또한 백성들 안에서 그들을 통해 역사하심으로써 응답하실 때가 많다. 우리가 기도할 때, 우리는 기도 응답의 일부가 되어 순종할 수 있어야 한다.

모세가 미디안에서 양을 치면서 40년을 보내는 동안 그는 분명히 자주 애굽에서 고통받는 유대 민족을 위해 기도했을 것이다. 하루는 주님이 모세에게 나타나셔서 그를 불러 애굽으로 가서 백성을 구하라고 하셨고(출 3장), 모세는 기도할 때 자신이 기도 응답의 일부가 되어 순종하는 게 더 선한 일임을 발견했다.

느헤미야 1-2장에서 느헤미야의 형제가 예루살렘을 방문하고 돌아온 후 느헤미야는 그에게 예루살렘 사정이 어떤지 물었다. 비관적인 대답이 돌아왔다. 그 비관적인 대답은 느헤미야의 마음을 상심케 하는 것이어서 느헤미야는 기도하기 시작했다. 주님은 그 응답으로 느헤미야를 부르셔서 예루살렘으로 가서 성벽을 다시 재건하라고 하셨다. 하나님은 종종 '우리 가운데서 역사하시는 능력대로'(엡 3:20) 기도에 응답하신다.

기도 응답을 받는 것도 대단한 복이지만, 자신이 기도 응답의 일부분이 되어 순종하는 것은 훨씬 더 큰 복이다. 예수님은 그분의 제자들에게 "추수하는 주인에게 청하여 추수할 일군들을 보내어주소서 하라"(마 9:37-10:1)고 하셨다. 진정한 기도는 아버지께 명령을 하는 것이 아니다. 그분께 우리의 필요를 이야기하고 나서 명령을 받는 것이다.

한 그리스도인 가족이 경건의 시간을 가지면서 그들이 아는 선교사의 절박한 필요를 위해 기도하고 있었다. 아버지가 "아멘" 하고 기도를 끝내자, 그의 어린 아들들 가운데 하나가 대뜸 "아빠, 나한테 아빠 수표책이 있으면 아빠 기도를 들어줄 수 있어요"라고 말했다. 어린아이 입에서 이런 말이 나오다니! 이 아이는 응답의 일부가 되기를 원했던 것이다.

지금까지 우리가 '기도 돌아보기'를 한 것은 다음과 같이 변화되기 위해서다.

- 목적이 없는 데서 교회를 세워가는 목적으로
- 하나님의 뜻을 저항하는 데서 복종으로
- 고립에서 모든 성도들과의 협력으로
- 가난에서 부요함으로
- 연약함에서 능력으로
- 얕음에서 깊이로
- 편협함에서 하나님 사랑의 광대한 관점으로
- 공허함에서 충만으로
- 방관자에서 참여자로

그리하여 모든 것이 하나님께 영광이 되도록.

다섯.
기쁨의 교제, 영광 돌리는 기도를 향하여

주의 빛과 주의 진리를 보내어 나를 인도하사 주의 성산과 장막에 이르게 하소서 그런즉 내가 하나님의 단에 나아가 나의 극락의 하나님께 이르리이다 하나님이여 나의 하나님이여 내가 수금으로 주를 찬양하리이다
- 시편 43:3-4

주여 내 영혼이 주를 우러러보오니 주여 내 영혼을 기쁘게 하소서 주는 선하사 사유하기를 즐기시며 주께 부르짖는 자에게 인자함이 후하심이니이다 여호와여 나의 기도에 귀를 기울이시고 나의 간구하는 소리를 들으소서
- 시편 86:4-6

간구할 때마다 너희 무리를 위하여 기쁨으로 항상 간구함은…
- 빌립보서 1:4

지금까지는 너희가 내 이름으로 아무것도 구하지 아니하였으나 구하라 그리하면 받으리니 너희 기쁨이 충만하리라
- 요한복음 16:24

21
은혜의 보좌로 나아가기

우리가 기도할 때, 우리는 '은혜의 보좌'로 나아간다(히 4:16). 우리에게 친숙한 이 이미지의 중요성을 생각해보자.

보좌는 권위를 말하며 은혜는 관용을 말한다. 보좌 위에는 우리가 경배해야 할 왕이 계시지만 그분은 은혜의 왕이시기에 우리는 마음껏 그분께 다가가 이야기하며 믿음의 손을 뻗어 그분의 선물을 받는다. 보좌는 율법과 진리를 나타내며, 우리의 모든 것을 아시는 하나님은 우리를 심판하실 수 있다. 하지만 은혜는 하나님이 결코 변하지 않는 사랑으로 우리를 사랑하신다는 것을 말한다. 그분은 우리가 받을 자격이 없는 것을 은혜로 주시며, 우리가 받을 만한 것을 주시지 않는 것도 그분의 자비하심이다. 정말 놀라운 보좌다.

권위와 관용, 법과 은혜, 은혜와 진리, 자비와 진리. 이것은 정말 역설이고 모순 어법이며, 불가능한 결합이 아닌가?

그렇기도 하고 아니기도 한데, 이렇게 한편으로 모순처럼 보이기 때문에 우리가 은혜의 보좌로 나온 것은 우리 믿음과 감정에 상당한 도전이 된다. 우리가 기도할 때 마음속에서 하나님의 거룩한 권위에 대한 경외심과 그분의 풍성한 은혜의 축복이 균형을 이루어야 한다. "여호와를 경외함으로 섬기고 떨며 즐거워할지어다"(시 2:11). 이 사실을 깊이 생각하라.

그러나 은혜의 보좌에는 모순이 없다. 왜 그런가? 그 보좌 위에서 은혜가 의로 말미암아 왕 노릇하기 때문이다(롬 5:21). 예수님의 십자가의 희생적인 죽음은 하나님의 거룩한 법의 정당한 요구를 만족시켰다. 죄와 죽음은 여전히 이 땅을 지배하지만(롬 5:14, 17, 21), 하나님의 은혜가 보좌로부터 왕 노릇하시므로 우리는 그리스도로 말미암아 '생명 안에서 왕 노릇' 할 수 있다(롬 5:17). "율법은 모세로 말미암아 주신 것이요 은혜와 진리는 예수 그리스도로 말미암아 온 것이라"(요 1:17).

성령 안에서 기도할 때 우리는 적극적으로 우리 구주의 '보좌의 권리'를 함께 누린다. 우리는 그분의 권위를 뜻하는 그분의 이름으로 나아가 그분이 무엇을 요구하시는지 여쭤본다. 이 특권 덕분에 예수님이 지상에서 사역하실 때 아버지와 대화하셨던 것처럼 우리도 담대하게 마음껏 말할 자유를 갖고 아버지와 대화하며 그분께 나아올 수 있다.

이 사실이 분명히 역설이면서도 타당한 이유는 바로 이것 때문이다. 우리는 보좌 앞에서 떨지만 하나님의 은혜로 즐거워하기 때문에 '떨며 즐거워한다.'

주님 안에서 즐거워하기

우선 주님 안에서 즐거워한다는 뜻이 무엇인지 생각하고, 그분의 성품과 말씀과 행동에 빠져들어보자.

기도할 때 하나님과 교제하는 것은 우리의 가장 큰 기쁨이다. 우리의 기쁨은 선물 때문이 아니라 그것을 주시는 분 때문이어야 한다. 주님이 우리의 가장 큰 기쁨이 될 때 기도는 상업적인 거래보다 사랑의 관계에 더 가까워진다. 시편 기자처럼 우리는 즐겁게 우리의 기쁨이요 희락이신 "하나님의 단에 나아간다"(시 43:4).

하나님이 우리 인생 최고의 기쁨이 아니라면 우리의 기도는 판에 박힌 일이 되거나 이기적이거나, 또는 둘 다가 될 것이다. 우리의 기도에 열정이 부족하면 틀에 박힌 일상이 되고, 기도할 때 주님 안에 열렬한 기쁨이 없으면 열정이 부족해진다. 기도가 종교적인 과업에 불과할 때, 우리가 한 맹세를 이행해서 양심을 달랠 수 있게끔 매일 완수해야 할 의무가 되어 버린다. "종교가 그 최상의 특징을 잃고 그저 형식으로 전락하게 되면, 이런 자발성도 사라지며 그 대신 선례와 타당성, 체계 그리고 서류철식 사고 방식이 그 자리를 차지한다"(「하나님과 사람의(Of God and Men)」).

이것이 종교적 율법주의자가 기도하는 방법이다. 그들은 자신의 일과를 따르고 그들의 모든 요청을 아뢰는 데 신경을 집중한 나머지 주님을 경배하고 성부께 그들의 사랑을 표현하는 것을 잊어버린다. 우리가 지고 있는 짐이나 당면한 문제에 상관없이 우리 기도의 최우선 순위는 주님을 경배하며 그분과 교제하는 특권을 누리며 즐거워하는 것이다. 한 마디로 기도는 일종의 말하는 기도 바퀴처럼 끝없이 기도 제목을 주워섬기는 종교적 일과가 아니다. 기도는 하나님의 자녀들과 그들의 신성한 하늘 아버지와의 관계를 즐겁게 하고, 날마다 깊어지게 한다.

우리가 무엇을 기도하든 그로 인해 우리 마음이 기뻐야 한다. 고백하는 기도는 용서의 기쁨을 가져다주며(요일 1:9, 시 32편, 시 51:8), 예배와 감사의 기도는 하나님께 더 가까이 다가가는 기쁨을 불러일으킨다(시 43:4, 합 3:18). 기도 가운데 우리가 주님께 복종하여 그분의 뜻대로 할 때, 그분은 우리의 마음에 기쁨을 주신다(눅 1:46-49, 눅 10:21). 우리의 필요에 대해 기도하고 이를 주님께 맡길 때 우리 마음에 기쁨을 주시고, 우리에게 그분의 돌보심에 대한 확신을 주신다(시 94:19, 벧전 5:7). 하나님의 진리를 묵상하고 진리의 값진 보화를 발견하는 것은 우리 마음에 즐거움을 불러일으킨다(시 19:8, 119:14, 162). 그렇다. 기도할 때는 눈물과 고민이 있지만 예수님은 우리의 눈물을 기쁨으로 변화시키겠다고 약속하신다(요 16:20-24).

기억하라. 매일 기도와 묵상 시간의 주된 목적은 하나님을 사랑하고 그분이 우리를 사랑하시며, 우리가 그분의 뜻을 받아들여 행복을 누리는 것이다. 하나님의 뜻 안에서 진정으로 기뻐하는 그리스도인을 원수가 유혹하고 정복하기란 쉽지 않다.

떨며 즐거워하기

하나님은 우리에게 '떨며 즐거워하라'(시 2:11)고 명령하신다. 숭배와 존경이 우리의 즐거움에 균형을 잡아주며, 즐거움이 우리의 숭배와 존경에 균형을 잡아준다. 경외심에 완전히 사로잡히게 되면 우리는 말이 없어지며, 그것이 건전한 반응일 때가 있다(욥 40:1-5, 롬 3:19). 하지만 완전히 기뻐 날뛴다면 아마 우리는 웃음거리가 되고, 유명인들에게 사인해달라고 조르는 오빠부대처럼 보일 것이다. 국가 원수, 유명한 장군이나 뛰어난 학자를 개인의 청중으로 맞는 것은 행복한 경험이지만, 그와 더불어 우리는 그에게 존경을 표시하고 성숙하게 행동하고 싶을 것이다. 내가 앨버트 아인슈타인(Albert Einstein) 같은 뛰어난 과학자에게 소개된다면 그와 악수를 하면서 이렇게 말하지는 않을 것이다. "반갑네요, 앨!"

성경은 우리가 너무 하나님께 '편하게' 굴거나 그분을 우리와 비슷한 상대처럼 대하지 말라고 경고한다. "네가 이 일을 행하여도 내가 잠잠하였더니 네가 나를 너와 같은 줄로 생각하였도다 그러나 내가 너를 책망하여 네 죄를 네 목전에 차례로 베풀리라"(시 50:21). 자칭 그리스도인이라 하면서도 주님을 '아주 좋은 분'이라고 부르는 여배우가 있다면 아직 많이 배워야 한다. 그것은 '위층에 계신 분'이라고 부르며 하나님을 하찮게 생각하는 사람들도 마찬가지다. 다윗은 여기에 대해 한 마디 했다. "태고부터 계신 하나님이 들으시고(셀라) 변치 아니하며 하나님을 경외치 아니하는 자에게 보응하시리로다"(시 55:19).

아마 당신은 속으로 이렇게 생각할 것이다. "하지만 우리 안에 거하시는 성령께서 '아바 아버지'라고 말씀하시는데 이것은 친밀한 사랑의 표현이 아닌가?" 로마서 8장 15절과 갈라디아서 4장 6절을 보면 당신 얘기가 전적으로 옳다. '아바 아버지'라는 말은 예수님이 동산에서 기도하실 때 사용하셨던 표현이다(막 14:36). 하지만 '아바', 즉 '아빠'라는 말은 기도의 친밀감과 냉담함 사이의 대비를 암시하는 것이 아니라, 친밀감을 노예나 불안한 어린아이의 태도 같은 절망적인 두려움과 대조한 것이다(롬 8:15-16). 하나님은 친밀함을 원하시지만, 그렇다고 건방진 것을 좋아하시지는 않는다. 특히 우리 공중 기도에서는 더욱 그렇다. 찰스 스펄전은 이런 말을 했다. "익숙한 부분이 있을지 모르지만 이는 거룩한 익숙함이며, 담대함이 있다 해도 이는 은혜에서 솟아오르는 성령의 역사요… 사랑하기에 무서워하며 무서워하기에 사랑하는 어린아이의 담대함이다." 최후의 만찬에서 사도 요한은 곁에 앉으신 예수님께 아주 친근하게 기대었지만, 밧모 섬에서 예수님을 뵈었을 때는 그분의 발 앞에 엎드려져 죽은 자같이 되었다(계 1:17).

만일 내가 존경하는 유명한 사람에게 초청을 받아 만나게 된다면, 그 만남을 준비하고 약속을 철저하게 지킬 것이다. 기도 가운데 주님을 만나는 것도 마찬가지다. 하루 종일 수시로 전자메일 메시지처럼 보좌로 보내는 기도를 말하는 것이 아니다. 우리가 매일 주님만을 위해 따로 떼어 챙겨둔 시간으로 좀 더 길게 경배하고 기도하는 시간을 말한다. 만일 우리가 '거룩히 보내는 시간을 들이지' 않는다면, 그렇게 메일처럼 보내는 기도는 하늘에 상달되지 않을지 모른다. 비유(눅 11:5-8)에 나오는 괴로운 이웃의 경우처럼 우리는 위급할 때만 주님의 문을 두드리지 않는다. 우리가 날마다 주님과 시간을 보내면 위급한 순간이 닥쳤을 때 겁에 질리지 않을 것이다.

기도의 훈련

기도는 즐겁지만 훈련이기도 하다. '기도를 항상 힘쓰고'(골 4:2)라는 말은 '기도를 꾸준히 하며 이를 고수하여 계속 몰두하는 것'이라는 의미를 내포한다. 같은 말이 로마서 12장 12절의 '기도에 항상 힘쓰며'라는 구절에도 나온다. 이는 기도의 훈련을 말한다.

'훈련'이라는 단어는 율법주의적 가정에서 자랐거나, 순종하지 않는 학생들에게 즉각적으로 엄한 처벌을 내리는 학교에 다닌 사람들에게는 거슬리는 말일지도 모른다. 당연히 그들은 그리스도인의 삶을 '자유'와 필적하는 것으로 여기려 한다. 그런데 어떤 사람들은 고린도후서 3장 17절을 문맥에서 따로 떼어서 본질적인 자신들의 방종을 옹호하는 데 사용하기 쉽다. 안타까운 일이지만 우리 가운데 성령 안에서 자유를 누려야 한다고 주장하는 사람들도 왜 우리가 기도와 경배의 시간과 개인적인 묵상 계획 같은 것을 정해야 하는지 잘 이해하지 못한다.

그러나 훈련은 전적으로 선한 말이며, 마땅히 받아들여야 할 그리스도인의 습관이다. 사실 '훈련(discipline)'과 '제자

(disciple)'라는 단어는 '가르침(instruction)'을 뜻하는 라틴어 단어에서 유래한 것이다. 신약에 나오는 '제자'란 단어는 단순히 '배우는 자'를 뜻한다. 이런 훈련은 처벌을 포함할 수도 있지만 강조점은 가르침과 책망, 교정과 보상에 있다. 사실 훈련이 없이는 거의 배우는 것도 없으며, 음악가, 운동선수, 화가, 작가 등의 사전에 나오는 모든 가치 있는 기술 보유자들도 우리 사회에 거의 없었을 것이다.

훈련은 자유를 파괴하지 않는다. 만일 조금 침범했다 하더라도, 훈련은 자유로움을 발산하고 고양시킨다. 시편 기자가 말했다. "내가 주의 법도를 구하였사오니 자유롭게 행보할 것이오며"(시 119:45). 뮤지컬 음악을 배우는 원리에 복종하는 사람은 그들이 소유한 재능을 모두 발산하여 아름다운 음악을 연주하는 특권을 받게 될 것이다. 둑과 강의 관계는 훈련과 재능의 관계와 같다. 그것은 강이 늪지대로 변하지 않게 막아준다.

승리하는 선수로 발전하는 최선의 방법은 그들을 훈련시킬 위대한 코치의 권위 아래 두는 것이다. 일단 경기의 규칙과 원리가 그들의 조직 속에 작용하면, 우리가 모두 어렵게 해내는 것을 운동선수들은 무리 없이 해낼 것이다. 만일 우리가 할 수만 있다면 말이다. 성령님은 우리가 즐거움과 훈련, 자유와 질서, 계획적인 일과 무의식적인 일, 위엄과 즐거움 사이의 균형을 잡도록 우리를 도우시며, 우리가 주님과 함께 보내는 매 시간은 하루 동안 우리가 더 나은 '기도 메일'을 보내도록 준비하게 할 것이다.

우리는 무슨 일을 하며, 왜 하는가?

매일 주님과 만나기 위해 필요한 기본 요소들이 있다.

- 정신적, 육체적으로 당신의 상태가 가장 최고인 시간과 방해받지 않는 장소
- 성경책
- 기도 제목과 기도 응답, 주님이 날마다 말씀으로 주시는 진리를 기록할 공책
- 기도로(혹 재정적으로) 지원하도록 하나님이 맡기신 사역을 위해 사용하는 기도 달력
- 주님을 경배하며 말씀을 통해 말하시는 그분의 음성을 듣고 기도하며 그분 앞에서 침묵하며 기다리는 마음

당신이 매일 주님과 만남을 가지는 것은 당신의 영적 생활의 온도 조절 장치요 온도계다. 만일 당신 자신이 주님과의 만남을 미루려 들고 대충 급하게 넘어가거나 취소해버린다면, 지금 영적으로 심각한 문제에 빠져들고 있음을 알아야 한다. 사탄은 당신으로 하여금 이 약속을 축소하게 만들려고 온갖 교묘한 장치를 다 동원할 것이다. 따라서 당신은 주님께 의지하여 도움을 청하고 주님과의 특별한 시간을 수호할 것을 결심해야 한다.

적의 주된 책략은 우리를 매우 분주하게 만들어서 시간이 지나가버려 우리로 기도할 시간이 없게 만드는 것이다. 예수님은 아무리 바빠도 아침 일찍 기도하러 일어나셨고(막 1:35), 아무리 많은 무리들이 그분을 찾으며 도움을 청해도 기도하러 떠나셨다(마 14:22-23). 만일 우리가 너무 바빠 기도를 못한다면 그것은 지나치게 바쁜 것이고, 덜 중요한 삶의 필요는 거절하는 법을 배워야 한다.

조용히 그분의 자비를 묵상하고 그분의 인격과 행동, 그분이 베푸시는 모든 것에 대해 감사하며 당신의 시간을 주님과 함께 시작하라. 당신은 성경의 진리나 찬송 가사를 묵상하고 싶을 수도 있다. 그분께 노래를 불러드리고 싶을지도 모른다.

우리가 각자 이 특별한 시간을 향한 최선의 방법을 발견해야 하겠지만 항상, 언제나, 매 순간 예수 그리스도께 집중하고 그분을 찬미해야 한다.

> "너의 하나님 여호와가 너의 가운데 계시니 그는 구원을 베푸실 전능자시라 그가 너로 인하여 기쁨을 이기지 못하여 하시며 너를 잠잠히 사랑하시며 너로 인하여 즐거이 부르며 기뻐하시리라"(습 3:17).

일단 당신의 마음이 주님 앞에 잠잠해지고 초점이 그분께 집중되면, 당신은 성경 말씀을 펴서 그날 주시는 그분의 메시지를 읽을지도 모른다. 나는 성경 읽기 계획표에 따라 구약과 신약을 다 읽는 것이 가장 좋다는 것을 발견했다. 많은 신자들이 창세기 1장, 시편 1편, 마태복음 1장 등에서 시작해서 성경을 자기 속도에 맞춰서 통독하는 것이 좇아가기 좋은 계획임을 발견했다. 매일 한 장을 다 읽을 필요는 없다. 사실 한 구절이나 한 단락의 말씀으로 도전받는 경우도 있겠지만, 자신에게 가장 잘 맞는 속도로, 체계적으로 읽어야 한다. 상호 참조를 따르면 성경 전체를 교차하는 '복된 샛길'을 몇 가지 발견하게 될지도 모른다.

장거리 경주를 시작하는 게 아니다. 그냥 주님의 말씀을 들으면 되고, 꼭 이 정도 분량은 읽어야 한다고 생각하지 말라. 하루하루가 새롭고 다르며 매일 성령이 필요한 구절로 우리를 인도하신다. 성령이 또 당신을 이끌어서 읽고 묵상하기를 멈추게 한 후 말씀 가운데 떠오르는 사안에 대해 기도하게 하실지도 모른다. 순종하라. 주님이 영적 보석을 주실 때, 그것을 공책에 기록하라. 언젠가 다른 사람을 개인적으로 전도할 때 사용하게 될 것이다.

기도 목록

어떤 이들은 기도 목록을 사용하기를 좋아하지만, 다른 사람들과 단지 기도 제목을 일률적으로 언급하는 것이 되지 않도록 주의해야 한다. 다시 말해 주님이 당신을 인도하시도록 해야 하지만, 기도에는 질서가 있어야 한다. 그 주에 매일 해야 할 간단한 목록과 아울러 매일 해야 할 기도 목록이 있다. 기도할 때 나는 때때로 바울의 본을 따라 사람들을 '언급' 하는데, 다른 때는 특정한 사람들과 그들의 필요를 위해 기도하느라 더 많은 시간을 보낸다. 나는 보통 말씀을 읽고 묵상하는 시간 사이에 기도를 끼워 넣지만, 내 기도가 목록에 쓰인 것에 국한되지 않게 한다. 우리는 성령이 우리의 필요를 생각나게 해주시도록 맡기며, 그분이 말씀하실 때 순종해야 한다. 기억하라. 기도는 판에 박힌 일상이 아니라 우리와 주님과의 사랑의 관계를 나타낸다. 대화를 질서 있게 잘해나가는 한편, 자발적이고 예기치 못한 기도를 하게 될 여지도 남겨두어야 한다.

우리가 사역을 하는 모든 사람을 위해서 기도하기란 불가능하므로 그분이 원하시는 만큼 주시는 기도의 짐을 받아들여야 한다. 일 년에 두세 번 우리는 기도 목록을 점검하고, 자신의 기도에 대해 기도할 필요가 있다. 만일 신실하게 기도에 헌신할 수 있는 시간보다 목록이 더 길어지면, 우리의 기도는 성령이 인도하시는 중보 기도라기보다 단지 이름을 언급하는 기도에 불과할지도 모른다. 나는 한 가지 문제에 대해 성실하게 기도한 적이 있다. 하루는 주님이 그 문제로부터 마음을 '단념시키셨으므로' 나는 주님께 그 문제를 맡기고 기도를 계속해 나갔다. 당신의 기도 목록에서 항목을 몇 개 빠뜨렸다고 해서 죄책감을 갖지 말라. 그저 당신의 동기가 옳고 주님이 당신을 인도하시는지 확신하라.

기도 달력

여러 해 동안 주님이 우리 부부에게 재정과 기도로 후원하는 사역들을 맡겨주셨다. 나는 사역 단체의 기도 달력을 즐겨 사용했는데, 개중 어떤 달력들은 대단히 훌륭하다. 그런 달력에는 관련된 사람들의 이름이 언급되고, 그들이 있는 곳과 사역과 필요한 것들이 공개되어 있다. 나는 구체적인 기도 제목을 좋아한다. '소녀 농구단'이나 "우리 마음이 하나님의 훈련소에서 발견되게 하소서" 같은 애매한 제목으로는 어떻게 기도해야 할지 확신이 서지 않는다. 구체적인 기도 제목 대신 특히 미사여구로 이루어진 그날의 '경건한 묵상'을 대하면 곤혹스러워진다.

많은 국제 사역과 관련을 맺고 있어서 나는 다달이 기도 달력을 만들고 배포하는 데 얽힌 문제들을 알지만, 그렇다고 해서 그들이 매일 구체적인 필요를 드는 것을 저지할 수는 없다. "스페인 연례 현장회의는 5월 10-15일로 예정돼 있다"는 말은 내게 장소와 시간, 내용을 알려준다. 나는 그 주중에 잘 알고 기도할 수 있을 만큼 현장회의에 대해 충분히 알게 된다. 만일 모임이 너무 늦게 취소되어 편집자가 달력을 바꿀 수 없다 하더라도 성령이 모든 것을 알고 우리 기도를 인도하신다

(롬 8:26-27). 기도 달력은 우리에게 근사한 경건한 묵상이나 미문학(주제나 범위는 중요하지 않은 우아하고 세련된 문학)의 참호 속에서 도움을 요청하는 소리를 들려준다.

경건 서적

만일 경건 서적을 이용하고 싶거나 영적 생활을 풍요롭게 하는 기독교 서적들을 사용하고 싶다면 성경 묵상과 기도를 끝낸 후에 읽도록 하라. 아무리 훌륭한 책이라도 성경을 대신할 수는 없다. 하나님이 우리에게 직접 주시는 고귀한 진리가 책에서 찾아내는 것보다 우리에게 더 의미 있다.

나는 몇 년 또는 몇 세기 동안 검증된 책을 추천하는 일에 늘 민첩하다. 하나님은 나를 '의의 길'(시 23:3)로 인도하시는데, 이때 '길'로 번역된 단어는 '닳은 바퀴자국'을 뜻한다. 예전에 아무도 몰랐던 새로운 진리를 발견했다고 주장하는 저자들을 조심하라. 그들은 아마 동시대의 책은 읽어보지 못했을 것이다. 당신과 나를 거룩한 삶으로 이끄는 '닳은 바퀴자국'은 족장들, 선지자들, 사도들, 순교자들, 교부들 그리고 모든 시대의 경건한 사람들이 걸었던 길이다.

토마스 아 켐피스(Thomas à Kempis)의 「그리스도를 본받아

(The Imitation of Christ)」, 어거스틴(Augustin)의 「고백록(Confessions)」, 로렌스(Lawrence) 형제의 「하나님의 임재 연습(The Practice of the Presence of God)」, 존 번연(John Bunyan)의 「천로역정(Pilgrim's Progress)」, 윌리엄 로(William Law)의 「경건하고 거룩한 삶을 위한 진지한 부르심(A Serious Call to a Devout and Holy Life)」 등의 고전은 모두 그 길을 가리켜 보인다. 제임스 패커(J. I. Packer)의 「하나님을 아는 지식(Knowing God)」, 토저(A. W. Tozer)의 「하나님을 바로 알자(The Knowledge of the Holy)」와 「하나님을 추구함(The Pursuit of God)」, 존 파이퍼(John Piper)의 「하나님을 사모함(Desiring God)」, 토마스 켈리(Thomas Kelly)의 「헌신의 증거(A Testament of Devotion)」처럼 여전히 많은 이들에게 유익이 되는 '현대의 고전'도 있다.

물론 우리가 읽는 모든 것이 하나님의 말씀으로 검증되어야 하지만(사 8:20), 나는 어떤 주제에서 나와는 다른 사람들에게 배울 수 있다는 사실을 발견한다. 사실 오십 년 이상 사역하는 동안, 하나님이 나와 의견이 다른 사람들도 축복하신다는 사실을 발견했다. "범사에 헤아려 좋은 것을 취하고 악은 모든 모양이라도 버리라"(살전 5:21-22).

위에서 제시한 방법들을 채택해서 당신의 영적 여정의 현재 위치에 적용하고 자신의 필요를 만족시키기를 기대한다. 하지만 만일 당신이 정신없이 몰아치는 10분짜리 독서와 기도 속에 억지로 끼워맞추려 한다면 이런 방법도 아무 소용이 없다는 것을 명심하라. 당신은 거룩해지는 데 시간을 들여야 한다. 만일 훈련된 경건 생활이 당신에게 너무 생소하여 짧은 시간에서 출발하여 점차적으로 늘려가고 싶다면, 10~15분 정도부터 시작하라. 반드시 점차적으로 늘려가야 한다. 영적 갈망이 높아지고 성숙할수록 묵상과 기도하는 시간을 더 필요로 하며, 그렇지 않으면 만족하지 못할 것이다.

늘 거룩한 대화 속에서

그리스도인의 삶은 모험이며 우리는 앞서 간 이들의 닳은 바큇자국을 따라가야 한다. 물론 그렇다고 해서 우리가 틀에 박힌 인생을 살아야 한다는 뜻은 아니다. 늘 배워야 할 새로운 진리, 밟아가야 할 새로운 믿음의 단계, 짊어지고 가야 할 또 다른 짐, 싸워야 할 새로운 전투와 나눠야 할 새로운 축복이 있다. 바울은 이를 '새 생명 가운데서 행함'과 '영의 새로운 것'이라고 말했다(롬 6:4, 7:6).

하나님이 함께(그분의 성령이 당신 안에 거하시며) 당신과 말씀을 나누시면서 그 길을 따라 걸어가는 이미지를 꼭 붙들어라. 당신이 그분과 관계가 있다면, 당신은 그 길을 따라가며 그분과 함께 대화해야 한다. 그분이 말씀을 통해 당신에게 말을 걸어오시면, 당신은 열심히 귀 기울여 들어야 한다. 이 훈련의 길, 제자도는 낡았을지 모르지만 그분의 말씀과 당신의 기도로 이루어진 대화는 아주 독특하고 친밀한 것이다. 이것은 당신의 '생명'과 '영'의 '새로운 것'의 본질이다.

자, 이제 기도에 대한 나눔은 끝났다. 모두 계속해서 더 배움의 길로 나아가며 주님과 기쁨의 교제를 누리자.

워렌 위어스비 박사의 기도에 대한 추가 자료들은 www.cookministries.com/prayer101에서 다운받아 참고할 수 있다.

참고 자료 파일

고전 작가들이 쓴 기도의 진리에 대한 단편선집 ······ 5
(A Sort Anthology of prayer Truths From the Classic Writers)

기도에 관한 추천 도서 해제 ······ 19
(A Suggested Bibliography of Books on Prayer)

독자를 위한 안내(Readers' Guide) ······ 21

기쁨의 교제, 기도

1쇄 인쇄 / 2007년 6월 20일
1쇄 발행 / 2007년 7월 2일

지은이 / 워렌 위어스비
옮긴이 / 이은영
펴낸이 / 양승헌
펴낸곳 / ㈜도서출판 디모데 〈파이디온선교회 출판 사역 기관〉

등록 / 2005년 6월 16일 제319-2005-24호
주소 / 서울시 강남구 포이동 164-21 파이디온 빌딩 6층
전화 / 영업부 02) 574-2630
팩스 / 영업부 02) 574-2631
홈페이지 / www.timothybook.com

값 7,500원
ISBN 89-388-1340-1
Copyright ⓒ ㈜도서출판 디모데 2006 〈Printed in Korea〉